C.H.BECK WISSEN
in der Beck'schen Reihe

Die Philosophie im Mittelalter (500–1450) umfasst etwa tausend Jahre Reflexion in unzähligen Texten und in den unterschiedlichsten Sprachen (Latein, Griechisch, Arabisch, Persisch, Hebräisch und später in den volkssprachlichen Idiomen wie Italienisch, Deutsch, Französisch, Englisch und Katalanisch). In diesen Jahrhunderten trieb man Philosophie als Trost und Lebenslehre, als rationale Naturforschung, als Liebe zur Wahrheit, als Wissen um Jesus den Gekreuzigten, als orthodoxe Theologie, als mönchische Lebensführung oder als Kunst der okkulten Wissenschaften. Um dieser Vielfalt gerecht zu werden, versucht dieser Band, seinen Gegenstand nicht theoretisch-beurteilend, sondern historisch-deskriptiv zu erfassen.

Dieses Buch nimmt Abstand vom Bild des Mittelalters als einer dogmatischen Zeit, in der unter strenger Aufsicht der Kirche nur einige systematische «Denkkathedralen» in blinder Gläubigkeit an die Autorität des Aristoteles errichtet wurden. Mit Blick auf die philosophischen Entwicklungen in den byzantinischen, islamischen, lateinischen und jüdischen Kulturgebieten des Mittelalters registriert diese Philosophiegeschichte eine explosionsartige Zersplitterung ihres Gegenstandes und zugleich eine fortschreitende Vermehrung der philosophischen Sprachen, die zu einer radikalen Erweiterung des geographischen Raums der Philosophie im Mittelalter führte.

Loris Sturlese ist Professor für Geschichte der mittelalterlichen Philosophie an der Università del Salento (Lecce) und Präsident der Société Internationale pour l'Étude de la Philosophie Médiévale.

Loris Sturlese

DIE PHILOSOPHIE IM MITTELALTER

Von Boethius bis Cusanus

Verlag C. H. Beck

Mit 5 Karten (gefertigt von Peter Palm, Berlin)

Originalausgabe

Satz: Fotosatz Amann, Aichstetten
Druck und Bindung: Druckerei C. H. Beck, Nördlingen
Umschlagabbildung: Almarich von Bena, frz. Buchmalerei, 14. Jh., Bibliothèque Nationale, akg-images
Umschlagentwurf: Uwe Göbel, München
Printed in Germany
ISBN 978 3 406 64634 8

www.beck.de

Inhalt

Zur Einführung

Die Philosophiegeschichte des Mittelalters war in den letzten hundert Jahren ein Feld leidenschaftlicher ideologischer Auseinandersetzungen. Das Mittelalter wurde als der Ort einer «immerwährenden Philosophie» gefeiert, welche die Schäden des neuzeitlichen Subjektivismus hätte beheben können. Andere behaupteten hingegen, in den «dunklen Jahrhunderten» lediglich eine sklavische Abhängigkeit von der religiösen Dogmatik feststellen zu können, und sprachen daher dem ganzen Zeitalter jeden philosophischen Charakter ab. Man fand im Denken des Mittelalters jeweils die idealen Wurzeln eines christlichen Europas, die Voraussetzungen für eine friedliche Koexistenz der Religionen, die Legitimation der Inquisitionsprozesse, die ideologische Stütze des feudalen Systems und man hob die Kontinuitätmomente mit der Renaissance und der Moderne hervor oder bestritt diese, indem man den Akzent auf Brüche und Diskontinuitäten setzte.

Im Hintergrund all dieser Stellungnahmen stand die Überzeugung, es sei nicht nur legitim, sondern sogar philosophiehistorisch förderlich, die Philosophie des Mittelalters als das organische und systematische Ergebnis des Ringens einer ganzen Epoche mit wenigen «Grundproblemen» zu verstehen. Dieser historiographische Monismus hatte eine doppelte Reduktion zur Folge: die der mittelalterlichen Philosophie auf die sog. lateinische «Scholastik» und die der sog. «Scholastik» auf die sog. «scholastische Synthese», das heißt auf den Stand der Pariser Philosophie und Theologie in ihrer Blütezeit zwischen 1250 und 1274. Die vorausgehenden Jahrhunderte sah man nur als Vorläufer, die darauf folgenden als Krise und Epigonentum.

Hiermit wurde ein Forschungsgebiet, das fast tausend Jahre (500–1450) umfasst und das unzählige Texte in den verschiedensten Sprachen (Latein, Griechisch, Arabisch, Persisch, Hebräisch und den volkssprachlichen Idiomen des Spätmittelalters) enthält, auf ein Minimum eingegrenzt, nämlich auf wenige lateinische, im 13. Jahrhundert errichtete «Denkkathedralen». Die philosophische Bedeutung der Summen der Hochscholastik ist zwar unbestreitbar. Bedacht werden sollte jedoch, dass die ausschließliche Privilegierung dieser Texte vielleicht eine bequeme Ausrede für faule Philosophiehistoriker sein mag, aber den Tatsachen nicht gerecht wird.

Eine objektive Betrachtung enthüllt nämlich für das ganze Mittelalter Vielfalt und Verschiedenheit, theoretische Debatten, intellektuelle Konflikte, Diskussionen und Auseinandersetzungen. Selbst der Philosophiebegriff blieb nicht unumstritten und war Gegenstand radikaler Kontroversen: Man verstand Philosophie als Trost und Lebenslehre, als rationale Naturforschung, als Liebe zur Wahrheit, als Wissen um Jesus den Gekreuzigten, als orthodoxe Theologie, als mönchische Lebensführung oder als Kunst der okkulten Wissenschaften.

Einer solchen historischen Vielfalt von geistigen Annäherungsversuchen entspricht die Vielfalt der Institutionen, in denen Philosophie betrieben wurde – Kloster, Akademie, Universität, Kathedralschule – und die Mannigfaltigkeit der Regionen und der Stätten, wo Philosophen wirkten und diskutierten – von Sevilla bis Buchara, von York bis Palermo, von Tours und Paris bis Bagdad, Basra, Gundishapur und Konstantinopel.

Dieses Buch nimmt daher Abstand vom totalitären Anspruch des historiographischen Monismus, wie er sich im Begriff der «scholastischen Synthese» widerspiegelt, und versucht andere Wege zu gehen.

Hier werden Denker und Theorien nicht an einem spezifischen Philosophiebegriff gemessen und als philosophisch bestätigt oder als unphilosophisch ausgeschieden, sondern es wird auf die Suche gegangen nach dem, was historisch als «Philosophie» definiert oder betrachtet wurde. Die explosionsartige Zersplitterung ihres Gegenstandes sowie eine radikale Vermehrung der philosophischen Sprachen und eine ebenso radikale

Erweiterung des geographischen Raums der philosophischen Werkstätten nimmt diese Philosophiegeschichte in Kauf.

In diesem Buch wird ein Experiment durchgeführt. Es wird versucht, den Einfluss theoretischer und ideologischer Voreingenommenheit auf die historiographische Arbeit dadurch zu minimieren, dass man den Gegenstand dieser Darstellung historisch-deskriptiv und nicht theoretisch-beurteilend erfasst. Daher wird sich die Aufmerksamkeit vor allem auf regionale Diskussionen und auf die Synchronie ihrer Entfaltung konzentrieren. Um diese Synchronie abzubilden, ist die neutralste Maßeinheit – das Jahrhundert – gewählt worden. Unsere Darstellung wird Jahrhundert für Jahrhundert den Stand der Philosophie in den verschiedenen Regionen der Erde zu erkunden versuchen. Mehr als einen Abriss wird sie nicht anbieten können. Aber es genügt – so glaube ich –, um die Durchführbarkeit und vielleicht auch das historiographische Interesse an einer Perspektive aufzuzeigen, die in den letzten Jahrzehnten in der Forschung einen wachsenden Konsens findet.

I. Ravenna oder Alexandria? Philosophie auf Griechisch und Latein im 6.–8. Jahrhundert

Fast jede mittelalterliche Philosophiegeschichte beginnt mit dem Namen des Boethius, «des letzten Römers und des ersten Scholastikers». Hierfür gibt es Gründe. Boethius ist gewiss im Jahrhundert nach dem Kollaps des Weströmischen Reiches der erste Autor auf dem lateinischsprachigen Gebiet, der den Anspruch auf den Titel eines Philosophen erheben kann. Er ist der erste und auch der einzige. Seine Gestalt, die uns isoliert aus den Trümmern der Tempel, der Schulen und der Bibliotheken der Antike entgegentritt, kann wohl durch ihre würdevolle Tragik den Beginn der neuen, um das Jahr 500 ansetzenden Epoche symbolisieren. Im Werk dieses gelehrten Sprösslings der alten römischen Aristokratie, der mit dem Gotenkönig Theoderich politisch kollaborierte, mit ihm später in Konflikt geriet und schließlich wegen Hochverrats angeklagt und grausam exekutiert wurde, geht es um Motive und Probleme, die für die spätere Scholastik wichtig waren. Sein unausgeführt gebliebenes Projekt, das Gesamtwerk von Platon und von Aristoteles ins Lateinische zu übersetzen, war für das ganze folgende Jahrtausend richtungsweisend. Sein *Trost der Philosophie* blieb weit über die Renaissance hinaus eine beliebte philosophische Lektüre. Aber trotzdem stellt sich die Frage: Ist wirklich Boethius der erste und einzige Philosoph seines Jahrhunderts? Läuft man nicht Gefahr, das Bild der Philosophie am Anfang des Mittelalters zu verzerren, wenn man in den Mittelpunkt des Beobachtungshorizonts das lateinische Abendland – Ravenna, Rom, Pavia – stellt?

I. Von Athen nach Byzanz: Die Schulen im Osten

Die Faszination, die diese tragische Gestalt ausstrahlt, hat tatsächlich die Historiographie zu einer ziemlich trügerischen Vorstellung der Dinge geführt. Boethius war nicht der einzige Gelehrte seiner Zeit. Es gab eine respektable Gruppe von Zeitgenossen, die Philosophen waren. Vor allem aber gab es sogar mehrere Stätten, wo man im 6. Jahrhundert Philosophie studierte und wo man philosophische Texte produzierte. Nur: Um sie sehen zu können, muss man den Fokus der Aufmerksamkeit sehr, sehr weit vom Ravenna und Pavia des Boethius weg verschieben, und zwar nach Osten – nach Konstantinopel, nach Ägypten, nach Syrien und in das persische Morgenland. Denn während im Westen die sukzessiven Wellen der Völkerwanderungen nur eine kulturelle Wüste hinter sich gelassen hatten, funktionierten im Osten die alten höheren Bildungsanstalten und Akademien noch recht gut.

In Konstantinopel bestand eine kaiserliche Akademie, deren Gründungsurkunde auf Konstantin zurückging (330) und in der auch offiziell ein Professor für Philosophie lehrte. In Gaza blühte eine Rhetorikschule. In Nisibis lehrten die Professoren der berühmten Schule von Edessa. Sie waren dorthin umgesiedelt worden, nachdem diese 489 auf Befehl von Kaiser Zeno geschlossen worden war. Im Westsyrien, in Qennesre, studierte man Aristotelische Texte. Um 553 in Gundishapur in Mesopotamien wurde von dem Kaiser und Philosophen Kosroes I. eine Akademie gegründet. Bis zum Jahr 529 bestand ferner die Platonische Akademie in Athen, und Boethius selbst hatte wahrscheinlich in den Schulen von Alexandria studiert.

Am Anfang des Jahrhunderts war das philosophische Panorama noch von den beiden großen traditionsreichen Schulen von Athen und Alexandria geprägt, in denen man den alten Studiengang pflegte: Trivium und Quadruvium, anfangs Logik und Aristotelische Philosophie und Wissenschaft, sodann Mathematik und schließlich – die Geheimnisse der Philosophie Platons. Beide Schulen stimmten in einem gemeinsamen Verständnis

Die philosophischen Zentren im 6.–8. Jahrhundert

vom Philosophieren und von Philosophieunterricht überein. Die Professoren übten Philosophie als hohe Kunst subtiler Deutung und Vertiefung von Schriften der Großen der Antike. Die Devise in Alexandria und Athen, die tongebend auch für das ganze Unterrichtssystem des Ostens war, lautete: Philosophie heißt – Kommentieren. Die meisten Werke aus beiden Akademien, die uns erhalten geblieben sind, betreffen tatsächlich Kommentare zu Aristoteles und Platon. Aus Alexandria kommen zahlreiche, vorwiegend der Logik des Aristoteles gewidmete Kommentare von den berühmten Professoren Ammonios Hermeiou, Olympiodoros, Helias, David dem Armenier, Stephan von Alexandria. Kommentare zum Organon schrieben auch die Vertreter der neuen, in Syrien und Persien entstehenden Schulen (Edessa, Nisibis und Qennesre), Proba, Sylvan von Qardu, Henanisho, Sergios von Resh'ayna, Severos Sebokt, Georgios und der am Hof Kosroes' I. tätige Paulus Persa.

Auch in der Platonischen Akademie zu Athen untersuchte und kommentierte man die Texte der Antike, und zwar nicht nur diejenigen Platons, sondern auch die des Aristoteles. Man relativierte die Aristotelische Weltdeutung auf die physikalische Welt der sinnlichen Erfahrung und suchte bei dem späteren Platon nach den Gesetzen einer Ontologie der intelligiblen Welt. Dies war der Ansatz des prestigeträchtigen Philosophen und Akademieleiters Proklos gewesen. Nach seinem Tod (485) ging die Leitung der Akademie an Marinos, dann an Isidor von Alexandria und schließlich (um 515) an Damaskios über. Des letzteren Vorlesungen zu den Platonischen Dialogen und zu Aristoteles stehen in der Nachfolge Proklos'. Dies tun auch die *Zweifel und Lösungen über die ersten Prinzipien*, in denen Damaskios die erste Hypothese des *Parmenides* weiterentwickelte, indem er die Grundlagen des Hervorfließens des Weltalls als das «Unsagbare», das «Eine», die «reine Vielfalt» und das «Vereinigte» bestimmte und das Hervorfließen selbst als das Resultat Proklischer triadischer Bewegungen («moné»: «Verharren», «próodos»: «Hervorgehen», «epistrophé»: «Rückkehr») deutete. In diesen durch die Unterordnung des Aristoteles unter Platon realisierten Eintracht spiegelt sich eine spätantike Tradition wider, die das ganze Mittelalter hindurch bis in die Renaissance lebendig blieb.

Proklos war der Bezugspunkt für die meisten philosophischen Diskussionen, die sich am Anfang des 6. Jahrhunderts abspielten. Im schroffen Gegensatz zu ihm entstand das philosophische Projekt des Philoponos; als eine Weiterführung von Proklos lässt sich das Unternehmen des Dionysios pseudo-Areopagites interpretieren. Johannes Philoponos arbeitete in Alexandria als Professor für Philologie (daher der Beiname «Grammaticus»). Er schrieb jahrelang Aristoteles-Kommentare im Sinne des mit dem Stagiriten harmonisierenden Christentums seines Lehrers Ammonios Hermeiou, dann um 529 schlug er einen ganz radikalen antiklassischen Weg ein. Das Manifest seiner neuen kompromisslosen Haltung dem griechischen Denken gegenüber ist der Traktat *Über die Ewigkeit der Welt gegen Proklos*, dem er sofort ein *Gegen Aristoteles* folgen ließ. In diesen und weiteren Werken bestritt Philoponos die Legitimität einer Identifizierung des christlichen Gottes mit dem Ersten Beweger und mit dem Unsagbaren Einen. Indem er die Lehre von der Ewigkeit der Welt argumentativ angriff, wiederholte er eine Polemik, die andere christliche Denker führten, wie Aeneas von Gaza im *Theophrastus*, Zacharias im *Ammonius* und Prokopius von Gaza in seinem *Genesiskommentar*. Aber viel mehr als seine Mitstreiter lenkte Philoponos mit einem scharfem Blick die Aufmerksamkeit auf die vielen Schwierigkeiten der Aristotelischen Physik und stellte allgemein anerkannte Lehren in Frage wie die Erklärung der Bewegung der Geschosse, die Verneinung der Leere und die Existenz einer besonderen Materie des Himmels. In *Die Fabrik der Welt* verwarf er die Lehre von der Beseeltheit der Himmelskörper und schrieb ihnen eine Art Inertialbewegung zu. Tausend Jahre danach kamen seine Schriften erneut ins Zentrum der wissenschaftlichen Debatte und spielten eine nicht unerhebliche Rolle bei der Entstehung der neuzeitlichen Physik.

Im Schatten des Proklos stand der bisher unbekannt gebliebene syrische Monophysit, der als «Dionysios Presbyteros» ein geschlossenes Corpus theologisch-philosophischer Schriften signierte, das im Jahr 533 bereits dokumentiert ist. Dieses Corpus besteht aus vier Traktaten und zehn Briefen. In den Briefen erwähnt der Verfasser Fakten aus der Apostolischen Zeit, eine Selbstidentifizierung mit dem Philosophen Dionysios suggerierend, der nach Paulus' Rede auf dem Aeropag in Athen zum Christentum übertrat. Die Identifizierung wurde in der Renaissance in Frage gestellt, seine Schriften genossen jedoch im Mittelalter noch eine unbestrittene Autorität. Dass es sich um einen Dionysios pseudo-Areopagites handelte, zeigen die vielen eindeutigen Zitate aus Proklos im 5. Kapitel des Traktats *Über die göttlichen Namen*. Wohlgemerkt, Dionysios war ein Christ und vertrat Trinität und Kreationismus, aber besonders in der genannten Schrift artikulierte er eine Theologie, die an Platons *Parmenides* erinnert. Die Schrift, so Dionysios, nennt Gott mit Namen, die eindeutig nur eine symbolische Bedeutung haben («Stein», «Löwe»), und auch mit solchen, die dem Bereich des Intelligiblen angehören, wie etwa «Güte», «Licht», «Schönheit», «Liebe», «Sein», «Leben», «Weisheit» (Proklische Triade!), «Eines». Letztere weisen auf die verschiedenen Ausdrucksweisen der Vorsehung eines an und für sich unbenennbaren

Gottes hin. Die affirmative («kataphatische») Theologie vermag nicht das Wesen Gottes zu erfassen und muss daher in die negative («apophatische») Theologie umschlagen. Der Behandlung der negativen Form der Theologie ist der Traktat *Mystische Theologie* gewidmet. Die These des Dionysios lautet: Es gibt eine Form vereinigender Erkenntnis, die uns ermöglicht, in die göttliche Dunkelheit einzudringen, die über Verstand und Vernunft steht, um endlich die transrationale Einung mit Gott zu erfahren. Diese Erkenntnis ist ein esoterisches Wissen, das wenigen «göttlichen Menschen» vorbehalten ist. Dionysios nannte dieses Wissen eine «göttliche Philosophie», und «wahre Philosophen» nannte er diejenigen, die diese «Philosophie» ausüben. Hingabe und asketische Übung sind gefordert, um auf diesem Weg zu Gott fortzuschreiten. Dabei helfen kooperierend die irdischen und himmlischen Hierarchien, denen Dionysios zwei besondere Schriften widmete, *Über die kirchliche Hierarchie* und *Über die himmlische Hierarchie*.

Die Annahme eines christlichen Schöpfergottes erlaubte Dionysios, die beiden ersten Hypothesen des *Parmenides* («Das Eine ist Eine», «Das Eine ist») als zwei Betrachtungsweisen ein und derselben Gottheit zu verstehen, nämlich als transzendentes und immanentes Prinzip in Bezug auf die von ihr erschaffene Welt. Die Grundprinzipien der Wirklichkeit («Güte», «Licht», «Schönheit», «Eines» etc., welche den Henaden oder Hypostasen des Proklos entsprechen) sind Offenbarungen der schöpferischen Kraft des Einen. Die Gottheit bleibt in sich unbekannt und unfassbar (nach Proklos: «Verharren»), sie zeigt sich in der geschaffenen Wirklichkeit durch ihre intelligiblen Attribute («Hervorgehen»). Die Welt ist Theophanie, und von der Welt vermag die Bewegung auszugehen, die durch eine progressive Verfeinerung der intellektuellen Kräfte bis zur Einung in die göttliche Dunkelheit zurückführt («Rückkehr»). Die Schriften des Dionysios wurden im 8. Jahrhundert ins Lateinische übertragen und später mehrmals erneut übersetzt. Für das ganze Mittelalter stellten sie das unerreichte Beispiel einer «göttlichen Philosophie» dar, deren Autorität von der vermuteten Nähe zum Hl. Paulus zehrte.

Im Jahre 529 feierten viele «wahren Philosophen» einen wichtigen Sieg über ihre Gegner, die dem alten heidnischen Glauben treu geblieben waren. Kaiser Justinian befahl die definitive Schließung der Akademie von Athen und konfiszierte ihr Vermögen. Der letzte Diadoche Damaskios nahm zusammen mit sechs anderen Kollegen – Simplikios, Eulamios, Priskian von Lydien, Hermias, Diogenes und Isidor von Gaza – den Weg ins Exil. Die gesamte Gruppe ging nach Persien und stellte sich unter den Schutz von Kosroes I. Einige Jahre danach ließen sich die Platonischen Philosophen im nordirakischen Harrân in der Nähe von Edessa nieder. Simplikios verfasste dort gelehrte Aristoteles-Kommentare, die heute noch eine unschätzbare Quelle für unsere Kenntnis der Ideen der Vorsokratiker bilden. Aus der Feder des Priskian von Lydien stammen die *Lösungen der Zweifel von Chosroes, der Perser König*, eine Miszelle von naturwissenschaftlichen Fragen (Seele, Träume, Jahreszeiten, Gezeiten, Elemente, Schlangengift und Winde), die in der Karolingischen Zeit ins Lateinische übersetzt und gelesen wurde. Die Tradition, die die geflüchteten Philosophen in Harrân begründeten, lebte bis ins 10. Jahrhundert im Islam weiter.

Philosophie zu betreiben war am Anfang des Mittelalters, wie man sieht, gefährlich. Die politische Macht suchte nach ideologischer Legitimation, aber zugleich vertrieb, verfolgte und tötete sie die Philosophen, die sich nicht gefügig verhielten. Es war dies der Fall bei Maximos dem Bekenner aus Konstantinopel, einem gelehrten Mönch, der sich im letzten Teil seines langen Lebens als strenger Gegner der vom Kaiser und Patriarchen von Byzanz favorisierten Lehre von der Identität des Willens bei Christus, Gott und Mensch (sog. «Monotelismus») profilierte, deswegen angeklagt und verurteilt wurde und im Jahre 662 infolge der grausamen Verstümmelung von Zunge und rechter Hand starb. In seinen zahlreichen theologischen und spirituellen Schriften (darunter die spekulativ wichtigen *Fragen an Thalassios*, die *Briefe*, eine *Mystagogie* und Kommentare zu Gregor von Nazianz und Dionysios Areopagita) vertritt Maximos eine Interpretation der kosmischen Geschichte nach dem neuplatonischen Deutungsmuster von «Hervorgang» (Schöpfung und Sündenfall) und «Rückkehr» (Versöhnung und Erlösung), in deren Mittelpunkt das einmalige Ereignis der Inkarnation des göttlichen Wortes steht. Die Lehre der Vergöttlichung («théosis») des Menschen, die durch die Ausübung einer «aus Vernunft und Betrachtung bestehenden Philosophie» ermöglicht wird, faszinierte Johannes Eriugena, der Maximos als «göttlichen Philosophen» feierte und manche seiner Werke ins Lateinische übertrug.

2. Der lateinische Westen: Ravenna, Sevilla und Jarrow

Kommt man nun nach diesem tour d'horizont im Osten zu Boethius und zum lateinischen Westen zurück, so zeigt sich ein eher ernüchterndes Bild – das Bild einer peripheren Landschaft. Das um 515 von Boethius formulierte Projekt einer kommentierten lateinischen Übersetzung der Werke Platons und Aristoteles' und seine erklärte Absicht, die Thesen beider Autoren in Einklang zu bringen, lassen sich in die gängige neuplatonische Tradition einordnen. Seine drei frühen wissenschaftlichen Schriften (*Arithmetik, Musik, Geometrie)* sind Kompilationen aus Nikomachos von Gerasa und Euklid, und auch die Kommentare zu einigen logischen Schriften des Aristoteles (*Kategorien, Über die Deutung* in zwei Fassungen) übertreffen keineswegs ihre aus Alexandria kommenden Vorlagen.

Neben seiner Übersetzungstätigkeit, die auf das Aristotelische *Organon* beschränkt blieb, arbeitete Boethius auf dem Feld der militanten Theologie. In einigen kurzen Traktaten (sog. *Opuscula sacra*) verteidigte er die lateinische Orthodoxie gegen die Christologie von Nestorianern und Monophysiten (*Gegen Eutyches und Nestorius*), erörterte die Trinität (*Quomodo Trinitas, Utrum Pater et Filius*) und untersuchte den Begriff des Guten in Bezug auf die geschaffene Welt (*Wie die Substanzen insofern, als sie sind, gut sind*). Es handelte sich um theologische Fragen, die insofern auch ein Politikum waren, als die verschiedenen dogmatischen Positionen zugleich einen wichtigen Identifikationsfaktor für politische Aggregationen bildeten. Boethius hatte die Würde eines Konsuls und eines Senators inne, und 522 wurde er zum obersten Beamten («magister officiorum») am Hof Theoderichs ernannt. Seine philosophischen und theologischen Stellungnahmen luden sich unvermeidlich mit höchster politischer Brisanz auf. Vielleicht wurden die *Opuscula* des Boethius als der Versuch einer Versöhnung von West- und Ostkirche gelesen, was politisch eine Einkreisung der Goten, die dem Arianischen Glauben folgten, bedeutet hätte. Boethius wurde wegen Hochverrats angeklagt und zum Tode verurteilt (524).

Während seiner dreijährigen Gefangenschaft in Pavia verfasste er sein Meisterwerk, *Der Trost der Philosophie.* Es handelt sich um einen Dialog zwischen ihm und der Philosophie, die im Kerker erscheint und rationale Therapie der Leidenschaften als Trost spendet (Buch I.). Die Reflexion über die Hinfälligkeit des menschlichen Glücks (Buch II.) führt zum Schluss, dass der Grund des wahren Glücks Gott als der Gipfel und das Ziel der Hierarchie der einzelnen Güter ist (Buch III.). Gott als höchste Güte und als das Eine herrscht über die Welt als Vorsehung; der Philosoph soll die Tugenden um ihretwillen üben (Buch IV.). Die Allwissenheit Gottes ist mit der menschlichen Freiheit kompatibel, da Gott außerhalb der zeitlichen Dimension steht (Buch V.). In diesem Werk, das höchste literarische Qualität besitzt und teils in Versen, teils in Prosa geschrieben wurde, untersuchte Boethius die großen philosophischen Themen der Ethik, der Theodizee, der Freiheit, indem er weitgehend aus den neuplatonischen und stoischen Traditionen (Platon, Cicero, Seneca, Augustinus) schöpfte. Er tradierte wichtige spezifisch klassische Philosopheme weiter, wie etwa die Reminiszenzlehre, die Beseeltheit des Himmels, die Ordnung des Weltalls als Konsequenz numerischer Proportionen und Ideen im Denken Gottes. Aber vor allem lehrte Boethius seine unzähligen Leser ein bestimmtes Verständnis von Philosophie: Philosophie als Weltwissen und zugleich als Lebenslehre, als Reflexion über die Texte der klassischen Antike, als vertrauensvoller und versöhnender Versuch, durch die Ausübung der Rationalität zur Quelle der Wahrheit zu gelangen.

Boethius hatte keine Schule. Sein Freund Cassiodor versuchte, nach dem Modell von Nisibis und Qennesre eine theologische Akademie zu gründen (Vivarium in Kalabrien), welche sich aber bald nach seinem Tod (um 580) auflöste. Auch in der darauffolgenden Zeit blieb der Westen in kultureller Hinsicht weit hinter dem Osten zurück. Die Orientierungspunkte verschieben sich eher zufällig am Rande der bekannten Welt. Im visigotischen Sevilla arbeitete Bischof Isidor, im angelsächsischen Jarrow schrieb Beda. Andere relevante Gestalten kennt das lateinische Europa bis zum 9. Jahrhundert nicht. Beide verfassten gelehrte Werke für die Bibelexegese und für die kirchliche Praxis. Isidor wurde im Mittelalter berühmt wegen seiner *Etymologien*, die das ganze Wissen unter der Perspektive der entsprechenden technischen Nomenklatur Revue passieren lassen. Er schrieb ferner *Über die Natur der Dinge*, um das zur Interpretation der Schrift notwendige chronologische, kosmologische, astronomische und meteorologische Wissen zusammenzufassen. Dasselbe tat unter demselben Titel und Isidor folgend auch Beda. Diese Texte vertreten eine unsystematische Kosmologie und stellen eine Natur dar, die keine Autonomie beansprucht, sondern vor allem als ein Komplex von Zeichen und Verweisen auf die Intention Gottes gedeutet wird. Immerhin hatte Isidor eine ziemlich genaue Idee vom philosophischen Beruf: «Die Sorge der Philosophen ist» – so schrieb er –, «den Grund des Weltalls zu erforschen». Zur Philosophie als «divina philosophia» («göttliche Philosophie»: Dionysios, Maximos), und als «consolatio», «Trost», Hilfe zur Lebensführung, gesellt sich jetzt ein weiteres, zukunftsträchtiges Verständnis: «mundi quaerere rationem», «nach dem Grund der Welt zu fragen», – Philosophie als rationale Naturforschung.

II. Die Verbreitung des Islams: das Arabische als dritte Sprache der Philosophie. Das 9.–10. Jahrhundert

Auch bei der Darstellung der Philosophie im 9. Jahrhundert ist der Historiker eingangs zu derselben Entscheidung aufgefordert, die am Anfang des vorigen Abschnitts getroffen werden musste, nämlich, von den Gemeinplätzen der westzentrierten älteren Forschung Abstand zu nehmen (Stichwort: «Karolingische Renaissance») und das Blickfeld von Westeuropa über Byzanz bis Mesopotamien zu erweitern. Zwar ist im Westen, besonders unter der Regierungsperiode Karls des Großen und seines dritten Nachfolgers Karls des Kahlen eine gewisse Wiederbelebung der Studien zu beobachten. Griechische Texte wurden übersetzt, es fanden theologische und philosophische Diskussionen statt, und an diesen nahm sogar ein hervorragender Denker wie Johannes Eriugena teil. Vergleicht man aber den Westen mit dem Osten, so stellt man erhebliche qualitative und quantitative Unterschiede fest. Nehmen wir zum Beispiel die Frage nach dem Zugang zum Wissen der Antike, d. h. die Frage nach den Übersetzungen, die zentral für das ganze Mittelalter blieb. Im Westen konzentrierten sich die Energien derjenigen, die Griechisch können, auf die byzantinischen Texte zum ikonoklastischen Streit, auf das *Corpus Dionysiacum* und auf Maximos den Bekenner. Im Osten – in den immensen Gebieten, die seit dem vorigen Jahrhundert islamisiert waren – inszenierte sich das abbasidische Kalifat als Erbe der klassischen und hellenistischen Antike und erklärte in Bagdad, in Basra und in Kufa die Rettung und Aneignung der alten philosophischen und naturwissenschaftlichen Texte zum obersten Staatsziel.

Die Kalifen unterstützten Generationen von christlichen Gelehrten, die kontinuierlich an Übersetzungen ins Arabische arbeiteten. 839 wurde in Bagdad das «Haus der Weisheit», eine

Akademie nach dem Muster des alten Gundishapur, zu diesem Zweck gegründet. In der islamischen Welt waren die Namen von «Aristutalis» und «Aflatun» (Aristoteles, Platon) geläufig, und zwar als Autoren von Werken, auf die man in den Bibliotheken zugreifen konnte. Am Ende des Jahrtausends verfügte ein arabisch lesender Intellektueller über denselben Aristotelischen Textkomplex, der uns heute noch vorliegt. Es kamen hinzu Galen, Ptolemaios, Euklid und Hunderte weiterer medizinischer, optischer, astronomischer und philosophischer Schriften Aristotelischer, Platonischer und Hermetischer Tradition. Ganz anders war die Lage in den Kathedralschulen und in den Benediktinerklöstern Westeuropas, in deren Bibliotheken und Skriptorien das Wissen verschanzt war: Dort bedeutete damals Aristoteles kaum mehr als die elementare, durch Boethius' Übersetzung verbreitete Kategorienlehre, von Platon kannte man nicht einmal den vollständigen Text des *Timaios*, und die Hauptquellen für das Wissen der Natur und ihrer Gesetze waren allegorische Werke spätantiker platonisierender Autoren wie Martianus Capella und Makrobios. Im Orient wird also unsere Darstellung der Philosophie in diesem Jahrhundert beginnen.

1. Die arabische Philosophie im Osten: Bagdad und Basra

In einem unterschieden sich Lateiner, Byzantiner und Araber nicht: in dem Anspruch, der vom theologischen Denken ausgeht, die Gesellschaft und den Einzelnen zu regeln und zu normieren. Hierin waren sich Reichsbischöfe, Archimandriten und Mullahs einig. Der Spruch, mit dem der islamische Gelehrte Mâlik ibn Anas den Korantext «Gott sitzt auf dem Thron» kommentierte («*Dass* Gott sitzt, ist bekannt; das *Wie* ist unbekannt. Dies zu glauben ist eine Pflicht, und Fragen hiernach aufzuwerfen, ist Häresie»), ist nicht nur ein trockenes Dokument der konservativen Theologieschulen von Medina, wo er lehrte und 796 starb, sondern hätte auch im Westen ohne weiteres verkündet werden können (s. Petrus Damiani, unten S. 42). Doch auf Dauer konnten die islamischen Theologen ebenso wenig wie die christlichen Denker darauf verzichten, sich Fragen zu stellen und diese durch die rationale Methode zu entscheiden. So entwickelte sich bald auch im Osten eine argumentative Theologie («kalâm», «das Wort»), die philosophische Segmente inkorporieren und das Interesse an philosophischen Texten und Ideen fördern konnte.

Tatsächlich entsprach das kulturelle Panorama der östlichen Regionen in den ersten Jahrhunderten der Verbreitung des Islams keineswegs dem fundamentalistischen Traum von einer frommen und intoleranten Landschaft. Diesen grauen Traum hätte man damals eher im lateinischen Westen und in Byzanz verwirklichen können. Syrien, Persien und Babylon boten vielmehr das komplexe, bewegte und lebendige Bild eines bunten Mosaiks von Kulturen, Philosophien und Ideen. Neben den traditionalistisch orientierten theologischen Schulen war in den wichtigsten Handelszentren Mesopotamiens, Basra und Bagdad, die durch Wâsil ibn 'Atâ' gegründete und durch Abû l-Hudhayl fortgesetzte Schule der sog. Mu'taziliten («die Neutralen») verbreitet, die eine negative Theologie, die Güte und Gerechtigkeit Gottes, den freien Willen des Menschen und eine okkasionalistische Sicht der Natur vertrat. Es gab in Syrien Nestorianer, die traditionell an den Übersetzungen antiker Texte arbeiteten und aus denen der Leiter des «Hauses der Weisheit» in Bagdad, Sahl ibn Hârûn, seine Spezialisten rekrutierte – darunter der berühmte Arzt Hunayn ibn Ishâq, sein Sohn Ishâq, sein Neffe Hubaysh, Qustâ ibn Lûqâ und 'Isâ ibn Yahyâ. Einen weiteren, wichtigen Stein dieses Kulturenmosaiks bildete die Tradition der Sabäer aus Harrân, die ihre Ursprünge auf Hermes und auf das hellenistische Heidentum zurückführten: Ein hervorragender Vertreter dieser Richtung war Thâbit ibn Qurra, Übersetzer von Ptolemaios' *Almagest*, Verfasser von Kommentaren zu Aristoteles und von astrologischen und astronomischen Werken und Entdecker der Präzessions- und Nutationsbewegung der Erdachse. Hinzu kamen eine starke persische Komponente mit eigenen astrologischen und Hermetischen Traditionen (man denke an Muhammad ibn Mûsâ al-Khwârizmî und Abû Ma'shar al-Balkhî), Ismailiten, jüdische Denker wie David Almuqammis, Saadja

Gaon und Isaak Israeli. Zu erwähnen ist schließlich das wiederholte Auftauchen religionskritischer Positionen – wie im Fall von Chiwi von Balkh, von al-Râzî und von Ibn al-Râwandî.

Abû Ya'qûb al-Kindî ragt in diesem Panorama als philosophische Gestalt unter seinen Zeitgenossen hervor. Als Mitglied einer adligen arabischen Familie am Hof der Kalifen al-Ma'mûn und al-Mu'tasim tätig, schrieb er Hunderte von Werken, von denen uns etwa 40 (z. T. nur in lateinischer Übersetzung) erhalten sind. Er war vom mu'tazilitischen Kalâm stark beeinflusst (Einheit Gottes, negative Theologie) und argumentierte zugunsten des Einklangs theologischer Positionen (wie Erschaffung aus dem Nichts, Allmacht Gottes, Auferstehung, Natürlichkeit der Prophetie usf.) mit der Philosophie, die er als «Kenntnis der wahren Natur der Dinge nach dem menschlichen Vermögen» verstand und mit der Lehre des Aristoteles identifizierte. Sein einflussreicher Traktat *Über den Intellekt* analysiert die vier Deutungsmöglichkeiten dieses Begriffes nach dem entsprechenden Kapitel von Aristoteles' Schrift *Über die Seele* mit Hilfe der Auslegung des Alexander von Aphrodisias. Kindîs Aristotelismus war jedoch stark von neuplatonischen Elementen durchzogen: Er betrachtete und benutzte eine aus Plotins *Enneaden* kompilierte *Theologie des Aristoteles* als eine echte Schrift, zu der sich eine aus seinem Kreis als *Buch der Ursachen* entstandene Zusammenfassung von Proklos' *Elemente der Theologie* gesellte. Neuplatonische und Hermetische Elemente sind auch in seiner Schrift *Über die Strahlen* festzustellen. Dort sieht er den Grund für die Einheit und die Harmonie des Weltalls in «Radiationen», die nicht nur von den Himmelskörpern, sondern auch von den irdischen Dingen ausgestrahlt werden. Als mit der Welt in Sympathie tretender Mikrokosmos kann der Mensch durch seine «ausgestrahlten» Worte und magischen Formeln die Natur beeinflussen. Damit schlug Kindî ein auf den Astraldeterminismus begründetes Deutungsmodell von Natur vor, das in der arabischen Welt einen starken Einfluss ausübte und auch den lateinischen Westen beeindruckte. Sieht man von den magischen Aspekten ab, brachte dieses Deutungsmodell als erste Konsequenz die Legitimation einer autonomen, auf inneren

Prinzipien begründeten Erforschung der Natur mit sich. Kindîs raffinierte Traktate über die physikalische Optik (darunter ein Werk über den astronomischen Parallaxeeffekt) zeugen dafür, dass er kein gläubiger Magier war, sondern ein richtiger Philosoph und Wissenschaftler. Kindî starb um 873 in Bagdad.

Einige Generationen nach Kindî trat der persische Arzt Abû Bakr Muhammad ibn Zakariyyâ' al-Râzî auf die philosophische Bühne des Orients. Er lebte zwischen Ray (wo er geboren wurde und Leiter eines Krankenhauses war) und Bagdad. Sein medizinisches Hauptwerk war das in der Nachfolge Galens geschriebene *Buch von al-Mansur* (im Westen als *Liber Almansoris* weit bekannt). Râzîs vielfach angegriffene und uns leider nicht mehr erhaltene metaphysische Schriften artikulierten eine originelle, von Platon inspirierte Lehre, die auf Grundlage der Wirklichkeit fünf ewige, in Gleichgewicht stehende Prinzipien annahm, nämlich den Schöpfer, die Seele, die Materie, den Raum und die Zeit, wobei die Schöpfung der Welt auf eine Störung des Gleichgewichts der ersten drei Prinzipien zurückzuführen sei. In zwei Werken ethischen Inhalts (*Die geistige Medizin, Das philosophische Leben*) formulierte Râzî das Ideal einer gemäßigten asketischen Lebensweise des Philosophen, der durch die Ausübung der Vernunft die Reinigung seiner Leidenschaften und die «Angleichung an die Gottheit» erreichen kann. Der Intellekt stammt «aus dem Wesen der Gottheit», die Seele ist unsterblich. Die positive Religion kritisierte Râzî, bereits bei Ibn al-Râwandî vorhandene religionskritische Motive wiederaufnehmend, als eine Gesamtheit von Fabeln, die nur für das Volk gut sind.

Der Versuch, Platon und Aristoteles in Einklang zu bringen, charakterisiert die Tätigkeit von Abû Nasr al-Fârâbî. Aus Transoxanien (heute Süd-Kasachstan) stammend, bekam er in Bagdad eine in der Aristotelischen Logik fundierte Ausbildung von dem Nestorianer Yuhannâ ibn Haylân, einem prominenten Vertreter der Übersetzungsbewegung im Umkreis des «Hauses der Weisheit». In dieser Schule, wie Fârâbî selbst berichtet, arbeitete auch Mattâ ibn Yunus, dem die Wiederbelebung der Aristotelischen Tradition von Alexandria und eine entsprechende

Studienordnung zugeschrieben wurden. Die Logik des *Organon* enthielt nach Fârâbî die Antwort auf die Frage nicht nur nach der wahren Methode der Philosophie, sondern auch ein universales System aller Wissenschaften, das sich bis auf die Theologie und auf die Rechtswissenschaft erstreckte. Es gibt fünf Argumentationsweisen, nach denen der Mensch denkt: die demonstrative, die dialektische, die sophistische, die rhetorische und die poetische. Allein die demonstrativen Argumente führen zur Wahrheit und gehören zur Philosophie; die Religion bedient sich eher dialektischer und poetischer Diskurse und bewegt sich auf einer niedrigeren erkenntnistheoretischen Ebene. Mit dieser methodologischen Stellungnahme nahm Fârâbî von der versöhnlichen Haltung Kindî'scher Prägung Abschied. Die Philosophie, deren Autonomie er begründen und verteidigen wollte, war der Aristotelismus nach Alexandrinischer Prägung; die Metaphysik war jedoch für Plotinische Einflüsse offen. In seinem Werk *Der vorzügliche Staat* formuliert er eine Lehre der Emanation, indem er mehrere Grundprinzipien annimmt, nämlich die Erste Ursache, die Zweite Ursache (die Neun Intelligenzen), den Aktiven Intellekt (als Zehnte Intelligenz), die Form und die Materie. Die Erste Intelligenz fließt als Erstgeschaffene aus der absolut transzendent bleibenden Ersten Ursache hervor. Sie bringt eine weitere Intelligenz hervor, indem sie die Erste Ursache versteht. Sie verursacht eine beseelte Himmelssphäre, indem sie sich selbst denkt. Durch diese Form intellektuellen Hervorfließens entstehen dic Himmelssphären des Ptolemäischen Systems, wobei die Neunte Intelligenz die Mondsphäre und den Aktiven Intellekt hervorbringt, der die Intelligiblen der menschlichen Erkenntnis begründet. Fârâbî verband in dieser Theorie Aristotelische und neuplatonische Motive. Er ging davon aus, dass jede beobachtbare Bewegung der Himmelskörper ein entsprechendes Bewegungsprinzip (Himmelsseele) voraussetzt, und dass die durch die Himmelsseele verursachte Kreisbewegung durch ein Prinzip (Intelligenz) reguliert wird, das durch seine Anziehungskraft wirkt. Diese Aristotelisch verstandene Kosmosstruktur wird durch den Gedanken der Emanation ergänzt, welche die Differenzierung der Kosmosteile nach der Erschaffung der Ersten Intelligenz erklärt. Mit dieser Lehre, die Avicenna übernahm und verbreitete, begründete Fârâbî die Möglichkeit eines Aufstiegs des menschlichen Intellekts bis zur Kontemplation der in den höheren Intelligenzen enthaltenen ideellen Kosmosgesetze. Hierin liegt die menschliche Glückseligkeit, die offensichtlich eine rein philosophische Natur hat und durch ein geeignetes politisches System gefördert und unterstützt werden sollte.

Zwischen 840 und 980 entstand wahrscheinlich in Basra in einem ismailitischen Milieu eine anonyme Sammlung von 52 Traktaten («Briefen»), die naturwissenschaftliche, rationalpsychologische, metaphysische und theologische Fragen behandeln: Es handelt sich um eine der umfangreichsten mittelalterlichen Enzyklopädien, die den *Ikhwân al-Safâ'* («Brüder der Reinheit») zugeschrieben wurde. Diesem Werk liegt das Konzept eines philosophischen Wissens als Selbstreinigung der Seele durch Erkenntnis und als «Nachahmung Gottes nach menschlichem Vermögen» zugrunde, das sich als Weg zur rationalen Durchdringung der Offenbarungsinhalte und zur individuellen und kollektiven Vervollkommnung anzubieten scheint.

Ein ähnliches Philosophieverständnis verbreitete das *Buch der Definitionen* des in Kairouan am Hof der Fatimiden tätigen jüdischen Arztes und Philosophen Isaak Israeli: «Philosophie als Angleichung an die Werke des Schöpfers nach menschlichem Vermögen». Er verstand diese aus Platons *Theaitetos* stammende Idee von «Angleichung» im Sinne eines Aufstiegs der philosophierenden Seele bis zur ersten Wirkung des Schöpfergottes, d. h. der die universale Form und universale Materie produzierenden göttlichen Weisheit. Isaak, der seine Werke auf Arabisch schrieb, arbeitete voll im Geiste des Neuplatonismus. Auf Arabisch schrieb in diesen Jahren auch ein anderer jüdischer Gelehrter, Saadja Gaon, der Begründer der Religionsphilosophie des Judentums. Er stammte aus dem ägyptischen Fayyum und zog bald nach Bagdad, in dessen Umgebung sich die wichtige rabbinische Akademie von Sura befand. Saadja übernahm 928 die Leitung der Akademie, daher der Beiname «Gaon» («Oberhaupt»). In seinen zahlreichen exegetischen, juristischen und

Die philosophischen Zentren im 9.–10. Jahrhundert

polemischen Werken übte er eine rationale Deutungsmethode und versuchte, die jüdische Religion als ein Vernunftsystem darzustellen, durch die Überzeugung motiviert, dass sich Philosophie und Religion nicht widersprechen, sondern einander helfen, die aus der einen göttlichen Quelle stammende Wahrheit zu erreichen. In seinem Hauptwerk (*Das Buch der Religionslehren und der philosophischen Meinungen*) teilte er die charakteristischen Ideen des Mu'tazilitischen Kalâm, wie die absolute Einheit und Gerechtigkeit Gottes und die Freiheit des menschlichen Willens, und entwickelte eine systematische rationale Erklärung der göttlichen Vernunftgebote und Zeremonialgesetze.

Am Ende des ersten Jahrtausends gab es also zwischen Maghreb und Kazakhstan eine reife, komplexe und fein artikulierte philosophische Welt. Unter einer politischen Perspektive war diese Welt diejenige des Islams. All diese geistesgeschichtlichen Phänomene unter dem Motto «islamische Philosophie» zu etikettieren, wie es die Forschung meistens tut, scheint allerdings eine inadäquate Verkürzung zu sein. Durch den Verweis auf eine bestimmte Religion unterstellt das Stichwort «islamische

Philosophie» eine Konfessionalität, die nur sekundär die Autoren betrifft, die hier vorgestellt wurden. Anders als im Westen waren die meisten Philosophen im Osten keine Geistlichen irgendeiner Religion.

Anstatt von «islamischer» würden wir daher lieber von «arabischer Philosophie» reden. Das Arabische war nämlich die Sprache, in der in dieser Welt Philosophie geschrieben wurde. Doch von den verschiedenen Etiketten abgesehen – Tatsache ist, dass sich ein in kultureller Hinsicht absolutes Novum in diesen Jahrhunderten ereignete: Neben dem Griechischen und dem Lateinischen erreichte eine dritte Sprache das Niveau einer philosophischen Sprache: das Arabische. Fârâbî war derjenige, mit dem dieser Prozess abgeschlossen wurde. Aber die Mitwirkenden waren viele, sie waren Gläubige und weniger Gläubige und gehörten verschiedenen Religionen an – nicht nur dem Islam.

2. Die Philosophie im Westen: Diskussionen am kaiserlichen Hof

Um das Jahr 800 schrieb Fridugis Abt von Tours, ein Schüler Alkuins von York und dessen Nachfolger im Abtesamt, einen Traktat *Über die Substanz des Nichts und die Finsternis*. Beide Begriffe – so lautete seine These – bezeichnen nur anscheinend leere Klassen (die Klassen von den nicht-Seienden), denn die Aussage: «Das Nichts ist nicht», heißt eigentlich, dass «das Nichts ein etwas-Nichts («nihil quiddam») ist», und daher wird ein (real existierendes) «etwas» in der Aussage vorausgesetzt. Der Punkt ist hier weder Fridugis' logische Konsequenz noch die eventuelle philosophische Relevanz seiner Fragestellung (es geht eindeutig um das «Nichts» und um die «Finsternis», von denen in Genesis 1,1–2 die Rede ist). Es ist vielmehr zu beachten: Sobald Fridugis den Traktat fertig hatte, schickte er ihn Kaiser Karl dem Großen. Karl leitete den Text sofort dem irischen Mönch Dungal zur Begutachtung weiter (Karl holte später bei ihm auch ein Gutachten über die Eklipse vom Jahr 811 ein). Jahre danach veröffentlichte Agobard Erzbischof von Lyon ein *Buch gegen die Einwände von Fridugis*, in dem freilich keine Rede vom «Nichts» war, sondern von der (Platonischen) Lehre der Präexistenz der Seelen, die Agobard Fridugis zuschrieb und vehement kritisierte.

Die Diskussion über das Nichts am Hofe Karls des Großen findet eine seltsame Entsprechung bei den zeitgenössischen islamischen Theologen, die eine ähnliche Frage diskutierten, «ob nicht nur die Seienden, sondern auch die nicht-Seienden sind». Aber die Diskussion interessiert uns an dieser Stelle vor allem, weil sie eine Reihe von Elementen enthält, die über die kulturelle Situation im Westen Auskunft geben. An erster Stelle: Die Protagonisten waren alle Geistliche, die sich in der unmittelbaren Nähe der imperialen Staatsmacht befanden. Es waren Äbte von mächtigen Klöstern, Bischöfe, reisende gelehrte Kleriker – Exponenten einer politisch legitimierten geistlichen Elite, die das professionelle Lesen und Schreiben fest im Griff hatte. Mit diesem Stand konform waren die Fragen und auch die Texte, um die sich diese Elite bemühte: das Verständnis schwieriger biblischer Ausdrücke, die Benutzung Platonischer Theoreme, eine Mischung von Philosophie und Theologie, das Vertrauen in die Möglichkeit, aus den Texten der patristischen Tradition stets eine endgültige Antwort herausdestillieren zu können.

Dieselben Elemente kann man bei einer anderen Diskussion beobachten, die sich ein halbes Jahrhundert später am Hof Karls des Kahlen abspielte. Ein sächsischer Benediktiner, Gottschalk, vertrat um 848 in einem Traktat *Über die Prädestination* in Anlehnung an den späten Augustin die These, nicht nur die Erwählten seien zum ewigen Leben vorherbestimmt, sondern auch die Bösen zur ewigen Qual. Gottschalk führte konsequent den antiklassischen Ansatz Augustins weiter, aber er tat dies gerade in einer Zeit, in der wichtige Komponenten der christlichen Eliten den Versuch unternahmen, das klassische Wert- und Bildungssystem für das Christentum und als Kern eines pädagogischen Programms für den Klerus nutzbar zu machen. Gottschalk wurde von einem mächtigen Exponenten dieser Gruppe angeklagt, dem Mainzer Erzbischof Hrabanus Maurus, der gerade diesen Themen eine Schrift *Über die Bildung der*

Kleriker gewidmet hatte und in diesem Sinne an einer riesigen Enzyklopädie des Wissens (*Über die Naturen der Dinge*) arbeitete. Auf die Seite des Hrabanus stellten sich Hincmar von Reims und Florus von Lyon. Gottschalk wurde verurteilt und eingesperrt. Seine konsequente Anhängerschaft an die Lehren des Augustinus blieb allerdings nicht ohne Befürworter: Ratramnus von Corbie, Lupus von Ferrières und – mit etlichen Vorbehalten – auch Prudentius von Troyes nahmen für ihn Stellung. In diesem Zusammenhang trat zum ersten Mal ein am Hof Karls des Kahlen tätiger Professor für Grammatik und Logik in Erscheinung, der des Griechischen kundig war, Johannes Eriugena (auch Scotus, «der Ire», genannt). Auf Befehl des Kaisers schrieb er auch *Über die göttliche Prädestination* – aber seine Stimme ließ sich nicht in den allgemeinen Chor einreihen.

Eriugenas Werk unterschied sich von den anderen an erster Stelle in methodischer Hinsicht: Die anderen stellten umfangreiche Dossiers von Autoritäten und Vätersprüchen zusammen, in der Annahme, aus der Tradition würde sich die Stimme der Wahrheit eindeutig hören lassen, Eriugena suchte ausdrücklich seine Lösung anhand der «Disziplin, die die Griechen Philosophie zu nennen pflegen», und zwar im Sinne der alten Kunst der logischen rationalen Argumentation. Das Ergebnis seiner rationalen Untersuchung lautete: Die doppelte Prädestination von Gottschalk (und Augustin!) sei mit der absoluten Einheit der göttlichen Substanz und auch mit der menschlichen Willensfreiheit unvereinbar, die die Voraussetzung für eine ethische Ordnung bildet. Eriugenas kleines Meisterwerk unterstützte zwar eine mehrheitliche Position, aber an seinem methodischen Vertrauen in die philosophisch-dialektische Rationalität wurde sofort bemängelt, es untergrabe die kirchliche Tradition und die Autorität der Schrift.

Trotz dieser Angriffe verlor Eriugena nicht die Gnade des Kaisers. Im Gegenteil: Ihm wurde der prestigevolle Auftrag verliehen, das *Corpus Dionysiacum* erneut nach Hilduin ins Lateinische zu übersetzen. Aus der folgenden gründlichen Auseinandersetzung mit der östlichen Patristik entstanden nicht nur die Übersetzungen des Dionysios und des Maximos *Schwierigkei-*

ten und *Fragen an Thalassios*, sondern auch Eriugenas Hauptwerk *Periphyseon (Über die Wirklichkeit)*. Während er sich in der Schrift *Über die Prädestination* (um 851) noch innerhalb der lateinisch-Augustinischen Theologie bewegte, indem er die Gültigkeit der Aussagen über die göttlichen Vollkommenheiten anerkannte, versuchte er im *Periphyseon* eine philosophische Deutung des Schöpfungsberichtes anhand der bereits erprobten dialektisch-rationalistischen Methode, aber im neuen Licht der negativen Theologie östlicher Tradition. Den systematischen Horizont des *Periphyseon* liefert die allgemeinste Idee der «Wirklichkeit» («natura»), die unter den vier sich aus dem diairetischen Prinzip der «Erschaffbarkeit» ergebenden Gesichtspunkten betrachtet werden kann. Es ergeben sich die «nicht erschaffene und erschaffende» Wirklichkeit (d. h. Gott als Schöpfer), ferner die «erschaffene und erschaffende» (die Ur-Ursachen oder die leitenden Prinzipien des erschaffenden Willens Gottes), die «erschaffene und nicht erschaffende» (die Schöpfung mit ihren Gesetzen, den Menschen eingeschlossen, dessen Gesetz die Freiheit ist) und die «nicht erschaffene und nicht erschaffende» Wirklichkeit (Gott als Ziel und Vollzug). Nach diesem vierfachen Gesichtspunkt liest Eriugena den Schöpfungsbericht, offensichtlich in der Überzeugung, dass die Schrift die Prinzipien der Wirklichkeit in einer metaphorischen Formulierung enthält, und dass der Auftrag der Philosophie darin besteht, diese Prinzipien durch die rationale Untersuchung zu ermitteln und sie der Vernunft transparent zu machen.

Von den fünf Büchern, aus denen das *Periphyseon* besteht, zeigt das erste, dass die Aussagen der Hl. Schrift über Gott in einem nicht-wörtlichen Sinn zu verstehen sind, weil diese nach den zehn Kategorien formuliert werden, die eigentlich nur auf die empirische Wirklichkeit zutreffen. Die einzige adäquate Sprechweise über Gott ist, wie Dionysios lehrt, eine Synthese von Bejahung und Verneinung, nämlich die superlative Bejahung («super-essentialis» etc.). Das zweite und dritte Buch untersuchen die Ur-Ursachen und die ewigen Gesetze der Schöpfung. In den letzten beiden Büchern entwickelt Eriugena eine Lehre des Menschen als Mittelpunkt und Synthese des Universums, als «zweiten Gott», dessen Vollkommenheit darin besteht, die durch die philosophische Untersuchung in der Natur entdeckten göttlichen Vollkommenheiten in eigener, menschlicher Weise auszudrücken. Die philosophische Tätigkeit zeigt sich als Weg zur progressiven moralischen Läuterung und zur Angleichung an Gott.

Exemplare von Eriugenas Werk sind in den damaligen wichtigsten kulturellen Zentren nachweisbar – in Laon, Auxerre und Corbie –, aber es war vor allem im 12. Jahrhundert, dass ein breiteres Publikum es las – im Original und in Form eines Kompendiums, das Honorius Augustodunensis unter dem Titel *Schlüssel der Physik* in Umlauf brachte. Die im Jahr 1210 erfolgten und 1225 wiederholten kirchlichen Verurteilungen wegen Pantheismus vermochten es nicht, das Interesse für dieses Meisterwerk einer so gründlich auf die Kraft der Vernunft vertrauenden «Philosophie des Christentums» auszulöschen. Nikolaus von Kues besaß sowohl das Original als auch das Kompendium des Honorius in seiner Bibliothek.

Der Fall des Johannes Eriugena zeigt: Es gab im 9.–10. Jahrhundert Philosophen – nicht nur im fernen Mesopotamien, sondern auch im Frankenreich. Der orientalischen Gestalt Kindîs, «des Philosophen der Araber», tritt der geheimnisvolle Schatten des Iren entgegen, von dem man nicht einmal weiß, ob er ein Geistlicher oder ein Laie war und an wessen Schule er sein Motto «Niemand tritt in den Himmel ein, wenn nicht durch die Philosophie» (*Bemerkungen zu Martianus Capella*) entwickelt hatte. Eine dritte Persönlichkeit dürfte diesen philosophischen Kreis passend schließen: Leon «der Philosoph» von Konstantinopel, von dem man erzählte, seine Gelehrsamkeit in den Naturwissenschaften und in der Mathematik habe den Kalifen Ma'mûn dazu bewegt, Gesandte zu ihm zu schicken, um ihn nach Bagdad zu berufen. Leon zog es vor, eine Stelle an der Akademie von Magnaura in Konstantinopel zu übernehmen, wo auch der Patriarch Photios, der Verfasser einer riesigen *Bibliothek* mit Auszügen philosophischer Autoren der Antike, unterrichtete.

Diese Männer saßen sozusagen an den Quellen der Philosophie, in den Bibliotheken, wo sich die Texte der alten Meister befanden, an deren Vervielfältigung man in der neuen schnelleren und effizienteren Kalligraphie, der griechischen Minuskel, arbeitete. Die ältesten Vollhandschriften Platons und Aristoteles', die uns erhalten sind, wurden in dieser Zeit ediert und hergestellt. Allerdings hatten die Texte der Antike für die byzantinische Kultur nicht die identitätsstiftende Funktion, welche sie in der Abbasidischen Welt ausübten. In Konstantinopel betrachtete man die antike Philosophie eher als eine durch das Christentum überholte Vergangenheit und debattierte lieber über Ikonen und trinitarische Hervorgänge. In Bagdad erhob man Anspruch auf die Hinterlassenschaft der griechischen Philosophie und profilierte das Kalifat als den einzigen legitimen Erben der Tradition einer Ur-Wissenschaft, die die Griechen, die Perser und die Inder gekannt hatten und deren Dokumente es nun zurückzugewinnen galt. Araber und Lateiner schauten beide nach Byzanz, die einen in der Hoffnung, weitere wissenschaftliche Texte zu bekommen, die anderen – wie Eriugena –, um einen Lichtstrahl der östlichen sapientialen neuplatonischen Tradition zu erhaschen.

III. Persische Ärzte und lateinische Benediktineräbte. Das 11. Jahrhundert

Philosophische Thesen zeugen sich nicht selbst im Ideenhimmel, sondern sie entstehen auf Erden als konkrete Projekte denkender und rational argumentierender Menschen. Während des ganzen Mittelalters, im Osten wie im Westen, gehörten diese Menschen – die Philosophen – der kleinen Gruppe derjenigen an, die lesen und schreiben konnten. Sie waren somit prominente Mitglieder der jeweiligen intellektuellen Eliten. Ein vergleichender Blick auf den Stand, auf die Ausbildungsmomente und auf die historische Biographie der Philosophen dürfte lehrreiche Einblicke in die

Rekrutierungs- und Fortführungsmechanismen der führenden Schichten der mittelalterlichen Gesellschaft bieten.

Hierbei unterschieden sich im Frühmittelalter die arabischsprachige und die lateinische Welt ziemlich radikal. Im Osten waren die Philosophen Lehrer, Übersetzer, reiche Männer, Ärzte, Hofbeamte, die noch nach den antiken Ausbildungsmodalitäten erzogen worden waren – durch Privatlehrer, an Höfen oder in akademischen Gemeinschaften. Freilich nahmen auch die Geistlichen, besonders die Theologen des Kalâms, an den philosophischen Diskussionen teil. Aber die Zugehörigkeit zu ihrem Stande war keine Bedingung für den Erwerb von Bildung oder die Teilnahme an gelehrten Diskussionen: Die islamische Gesellschaft hielt damals offensichtlich einen breiten Spielraum offen für die philosophierenden Laien. Im lateinischen Westen herrschte hingegen eine totale Klerikalisierung des Bildungswesens. Dort lag die einzige Möglichkeit, das Lesen und das Schreiben professionell zu lernen, in den Händen von Bischöfen und Kathedralschulmeistern, oder sie hing vom Wohlwollen benediktinischer Äbte ab. Wir haben bereits darauf hingewiesen, dass diese Lage auch im Hinblick auf die Thematisierung bestimmter philosophischer Fragen Folgen hatte. Das Verhältnis zwischen Glaube und Vernunft, Theologie und Philosophie, die Fragen nach der Willensfreiheit und der Prädestination hatten für einen weltlichen Arzt nicht dieselbe Brisanz, die sie für einen frommen reflektierenden Abt besaßen. Doch gab es auch Äbte, die ihre Theologie «allein durch die Vernunft» entwickeln wollten und sich hiermit auf die Seite der Philosophen stellten.

1. Philosophen zwischen Buchara, Nishapur und Saragossa

Der persische Arzt und Philosoph Abû ʿAlî Hosayn ibn Sînâ, von den Lateinern Avicenna genannt, ist eine Schlüsselgestalt in der Geistesgeschichte des arabisch-sprachigen Mittelalters. Sein monumentales philosophisches Werk – Hunderte von Schriften, darunter eine riesige vierteilige Enzyklopädie: *Buch der Genesung*, ein Handbuch der Medizin, *Kanon der Medizin* – entwi-

Die philosophischen Zentren im 11. Jahrhundert

ckelte in systematisierender Weise die Lehre Fârâbîs und stand ganz in der durch Kindî begründeten philo-hellenischen Tradition. Es stellte zugleich einen Wendepunkt in der Geschichte des arabischen Denkens dar, da die philosophische Interpretation der islamischen Religion, die Avicenna durch sein System vorschlug, eine enorme Verbreitung in den nachfolgenden Jahrhunderten hatte und das allgemeine Bild *der* Philosophie entscheidend prägte (Hunderte von Handschriften sind von ihm bekannt, von Kindî und Fârâbî ist nur eine Handvoll erhalten).

Über Avicennas Leben sind wir durch seine Autobiographie informiert. Er wurde um 980 in der Nähe von Buchara als Sohn eines hohen Beamten des Samaniden-Reiches geboren und bekam einen Unterricht gemäß den verschiedenen Stufen des alten alexandrinischen Bildungsprogramms. Über die philosophischen und wissenschaftlichen Fächer hinaus lernte er Medizin, und als Arzt wurde er vom Emir von Buchara eingestellt und auch mit politischen Aufträgen betraut. Um 999 begann er mit einer langen Wanderschaft, die ihn über Jorjan, Ray und Hamadan bis nach Isfahan führte. In seiner Autobiographie legt Avicenna am Beispiel seiner Person nicht nur den idealen Bildungsweg des Philosophen dar, sondern auch ein allgemeines epistemologisches Modell. Er stilisiert sich als einen durch einen besonderen wissenschaftlichen Scharfsinn («hads») begabten Menschen. Es ist dieser Scharfsinn, der den echten Wissenschaftler vom Rest der Menschheit unterscheidet; er besteht darin, Verknüpfungen wissenschaftlicher Argumentationen schnell und treffsicher herzustellen bzw. die allgemeinen Gesetze auf die konkreten Fälle anzuwenden. Avicenna drückte es nach Aristotelischem Sprachgebrauch folgendermaßen aus: Es geht um die Fähigkeit, den mittleren Terminus des Syllogismus aufzufinden. Dies erfolgt aufgrund einer mentalen Intuition, bei der der Wissenschaftler mit dem Aktiven Intellekt, d.h. mit der Gesamtheit aller möglichen Intelligiblen, in Verbindung kommt. Hierfür brauche er nicht nur einen besonders geübten Intellekt, sondern auch eine ausgezeichnete körperliche Verfassung. Da Avicenna aus diesen Voraussetzungen seine Deutung der Prophetie entwickelte, ist diese Lehre oft als ‹mystisch› apostrophiert worden. Sie weist aber einen eindeutig wissenschaftsproblematischen Hintergrund auf, möglicherweise auch eine Reflexion über die in der Praxis geübte medizinische Semiologie.

Avicennas Lehre vom «Scharfsinn» war Ausdruck einer intellektualistischen Anthropologie, welche die Ausübung der Philosophie als Weg zu immer höheren Graden der Vollkommenheit betrachtete und die Seele als ein unabhängiges substanzielles «Selbst» im Menschen verstand, das den Körper steuert, wie es der Steuermann mit seinem Schiff tut. Avicenna analysierte bis in die Details den Prozess der Abstraktion in der Einbildungskraft durch die inneren Sinne, hielt aber fest, diese habe bei der Entstehung des wissenschaftlichen Begriffs nur eine vorbereitende Funktion, denn der Begriff entstehe aus dem Kontakt der Seele mit der untersten Intelligenz (dem Aktiven Intellekt). Man besitzt nach Avicenna eine intuitive Gewissheit der Substanzialität der Seele als «Selbst», wie das Gedankenexperiment des «freischwebenden Menschen» zeigen kann: Man stelle sich ein als reifer Mensch geborenes, in der Luft schwebendes, von jeder Form von Empfinden getrenntes Subjekt vor; das Selbstbewusstsein, das sich in diesem Zustand zeige und sich in der Formel «Ich bin» ausdrückt, sei das intuitiv gewisse «Selbst».

Auf die Selbstevidenz der fundamentalen metaphysischen Begriffe führte Avicenna den Unterschied zwischen dem «notwendig Seienden» und dem «möglich Seienden» zurück. Letzteres ist das Seiende der irdischen Welt, das seiend insofern ist, als es das Ergebnis einer Ursachenkette ist, welche zum notwendig Seienden zurückgeht. Aus dem notwendig Seienden fließt ein erstes Seiendes, eine Erste Intelligenz, die sich als nur möglich-seiend und die Erste Ursache als notwendig-seiend erkennt und auf diese Weise den Emanationsprozess in Gang setzt. Nur bei Gott, in der Ersten Ursache, ist das Wesen notwendig-seiend an sich, das heißt, Wesen und Existenz sind nur bei Gott nicht getrennt. Das Notwendig-Seiende muss es geben, weil sonst nichts Möglich-Seiendes aktuell existieren könnte. Aus diesen drei Verständnisakten entstehen die Zweite Intelligenz, eine Himmelsseele und ein Himmelskörper, und aufgrund desselben intellektuellen Prozesses fließen voneinander die weiteren Himmel bis zum «Aktiven Intellekt», der letzten Intelligenz, hervor, aus dem sowohl die intelligiblen Formen als auch die materialen Formen der Welt emanieren. Diese Gewissheit des Notwendig-Seienden ist auch der Ausgangspunkt eines metaphysischen Beweises der Existenz Gottes. Das Subjekt der Metaphysik war nach Avicenna, wie man sieht, das Seiende, Gott war das Ziel der Beweisführung. Metaphysik war keine Theologie bzw. Wissenschaft von dem einen Gott, sondern Ontologie, d. h. Wissenschaft von dem Seienden.

Angesichts der starken rationalistischen Haltung, der breiten wissenschaftlichen Interessen und der gelungenen enzyklopädischen Systematisierung, zugleich auch der aufmerksamen Berücksichtigung von religionsphilosophischen Fragen (die *Metaphysik* versuchte nicht nur den ersten Gottesbeweis in der Philosophiegeschichte, sondern sie endet mit Kapiteln über die Prophetie, Lohn und Strafe im Jenseits, Gebet, Fasten, Kultus und Gesetz), ist es kein Wunder, dass sich die Diskussion um die

Stärke und die Schwäche der Philosophie im Islam gerade um das Werk Avicennas polarisierte. Dies erfolgte mit unterschiedlichen Ergebnissen. Ghazâlî wandte sich hauptsächlich gegen ihn, um die «Inkohärenz der Philosophen» zu stigmatisieren. Muhammad Shahrastânî stilisierte ihn als den gefährlichsten unter den ungläubigen «Philosophen des Islams». Shihâb al-Dîn al-Suhrawardî versuchte, den prophetisch-sapientialen Aspekt von Avicennas Lehre in seiner «Philosophie der Illumination» zu entwickeln. Umfangreiche Teile vom *Buch der Heilung* und der *Kanon* wurden in der 2. Hälfte des 12. Jahrhunderts ins Lateinische übersetzt und fanden bei den Scholastikern eine breite Rezeption.

In arabischer Sprache philosophierte man zur Zeit Avicennas nicht nur im Osten, sondern auch in Ägypten und in al-Andalus, im fernen Westen. Erwähnung verdient Abû 'Alî al-Hasan ibn al-Haytham aus Basra, ein hervorragender Wissenschaftler, Verfasser eines Standardbuchs über die geometrische und physiologische Optik, der in Kairo am Hof der Fatimidischen Dynastie tätig war. Die eigentliche Blütezeit der Philosophie auf der iberischen Halbinsel kam ein Jahrhundert später und ist vor allem mit der Gestalt von Averroes und später mit Maimonides verbunden. Im 11. Jahrhundert stach in philosophischer Hinsicht im Westen eher das Werk eines Gelehrten heraus, der zwar auf Arabisch schrieb, aber dem islamischen Glauben nicht angehörte, Salomon ben Judah Ibn Gabirol, für die Lateiner Avicebron. Um 1020 in Malaga geboren und zwischen Saragossa und Valencia tätig, war Ibn Gabirol ein Mitglied der damals in Spanien florierenden Gemeinschaft der sefardischen Juden. Doch ist in seinem Hauptwerk, der *Quelle des Lebens*, von seiner religiösen Tradition außer dem Titel (vgl. *Psalm* 36,10) gar keine Rede. Er verzichtete auf Bibel- und Talmudzitate und verließ sich völlig auf die philosophische rationale Argumentation.

Diese Schrift, die uns vollständig nur in einer im Jahr 1150 in Toledo vollendeten lateinischen Übersetzung überliefert wird und fragmentarisch in einer hebräischen Übertragung vorliegt, kreist um die These, dass die Welt – sowohl die intelligible als auch die physikalische – aus drei Prinzipien besteht: der Materie, der Form und dem Willen. Die universale Materie bildet nach Ibn Gabirol das Substrat der Schöpfung und wird bei jedem geschöpflichen Seienden durch eine eigene Form bestimmt und individualisiert, die aus dem Willen bzw. der göttlichen Weisheit ähnlich wie aus einer Lichtquelle ausgestrahlt wird. Die jeweilige Bestimmung durch die Form fixiert das Seiende in seiner ontologischen Position in der Welt und bedeutet zugleich Beschränkung der unendlichen Potenz der universalen Materie. Individualität heißt die höchste Form der Abschwächung der universalen Potenz: In Umkehrung des Aristotelischen Primats der Ersten Substanz übernimmt Ibn Gabirol das alte neuplatonische Theorem vom Widerspruch zwischen logischer Universalität (Genus), die rein potentieller Natur ist, und metaphysischer Universalität, die den höchsten Grad von Aktualität im Sinne von unendlicher Kraft besitzt, alle Seienden der Welt zu begründen.

Das Zusammenspiel von Materie und Form charakterisiert nicht nur die körperlichen Dinge, sondern auch die «geistigen bzw. einfachen Substanzen», welche zwischen der reinen Einheit Gottes und der Vielfalt der physikalischen Natur vermitteln. Es sind diese die «Intelligenz» und die «Seele». Ibn Gabirol zeigt die Notwendigkeit ihrer Annahme im dritten von den fünf Büchern, aus denen die *Quelle des Lebens* besteht. Hier zeigt sich wiederum die starke neuplatonische Inspiration des Werks: Der Hervorgang aus dem Einen wird durch Momente skandiert, die sich auf Proklos und auf das Buch der Ursachen zurückführen lassen. Die Rückkehr erfolgt durch das Wissen, das Schritt für Schritt zum «vollständigen Abhängigsein vom Spender der Gutheit» führt: «Das Ziel des Menschen ist, dass die Seele der obersten Welt anhaftet, damit alles zum Ähnlichen zurückkehrt».

Die *Quelle des Lebens* fand im jüdischen Denken fast keine Verbreitung, wahrscheinlich aufgrund ihrer rein philosophischen und nicht-religiösen Haltung. Anerkennung erfuhr sie hingegen in bestimmten Strömungen der lateinischen Theologie aus dem 13.–14. Jahrhundert (z. B. bei den Franziskanern), weil die Lehre des universalen Hylemorphismus der Schöpfung die Transzendenz des Schöpfers zu garantieren schien.

Dass das Vertrauen in die philosophische Vernunft in der islamischen Welt nicht überall verbreitet war, zeigt Abû Hâmid al-Ghazâlîs scharfe Polemik gegen die Philosophen, im Besonderen gegen Avicenna. Dieser fromme und gelehrte Mann, in Tus 1058 geboren und in Nishapur 1111 gestorben, war ein typischer Vertreter der einflussreichen und großen Gruppierung der islamischen Juristen. Im Islam basiert das Recht auf dem Koran und auf der Sunna, die Rechtsgelehrten wurden innerhalb von religiösen Schulen («madâris») ausgebildet, die auch eine theologische Kompetenz entwickeln sollten. In der «madrasa» von Nishapur war Ghazâlî zuerst Student, danach Professor (Bagdad und Nishapur). Ghazâlî war von der Sufi-Spiritualität beeinflusst und mit den Lehren und der Methode der Philosophie gut vertraut, wie sein Traktat *Die Thesen der Philosophen* beweist, welchen er vorwiegend auf der Basis von Avicennas Werk systematisch zusammenfasste. Es handelt sich um die einzige Schrift Ghazâlîs, die im 12. Jahrhundert ins Lateinische übersetzt wurde, was ihm bei den Lateinern den Ruf eines treuen Schülers Avicennas einbrachte. Das Gegenteil war jedoch der Fall, denn kurz danach veröffentlichte Ghazâlî sein Hauptwerk *Die Inkohärenz der Philosophen* – eine Widerlegung von 20 Thesen, in denen er die Irrtümer der zeitgenössischen Philosophie zusammenfasste, von denen drei Häresien waren, nämlich dass die Welt ewig ist, dass Gott die Einzeldinge nicht kennt und dass es die körperliche Auferstehung nicht gibt. In seiner Kritik vertrat Ghazâlî eine skeptische Position in Bezug auf das Kausalitätsprinzip, indem er auf typische Motive der sunnitischen Theologie – im Besonderen auf die Idee des Occasionalismus der unmittelbaren Wirkung Gottes – rekurrierte.

2. Philosophie und Antiphilosophie im Okzident

Das lateinische Europa war keine gegen die arabische Welt abgeschottete Hochburg. An den Grenzen, in Spanien und in Sizilien, gab es Kontakte, Handel und Mehrsprachigkeit. Die lateinischen Theologen starrten gebannt auf den griechischen Osten (Anselm von Aosta wählte gräzisierende Titel für seine beiden Meisterwerke, *Monologion, Proslogion*), aber die Überlegenheit der arabischen Wissenschaft war nicht zu bestreiten – man konnte sie entweder en bloc als unnützes Teufelszeug ablehnen oder versuchen, einen genauen Einblick in sie zu gewinnen, und zwar durch das Studium von Übersetzungen.

Bereits im 10.–11. Jahrhundert meldeten lateinische Gelehrte Interesse an Übersetzungen arabischer Texte an. Gerbert von Aurillac (Papst Sylvester II.) und Hermann von der Reichenau verfügten über Traktate zur Konstruktion des Astrolabs, die aus al-Andalus kamen. Diese wurden zusammen mit astronomischen und magischen Texten überliefert. In Salerno, wo eine medizinische Schule bestand, übersetzte Constantinus Africanus, ein Benediktiner aus Karthago, wichtige Texte wie ʻAlî ibn al-ʻAbbâs' Handbuch *Pantegni*, die zu einer Erneuerung der Heilkunde führten.

Um die Mitte des Jahrhunderts brach eine theologische Diskussion aus, die mit einem philosophischen Instrumentarium geführt wurde, und die nach zwei Jahrhunderten die Debatten erneuerte, an denen Eriugena teilgenommen hatte. Die Frage galt der Präsenz Christi in der Eucharistie. Der Domschulleiter Berengar von Tours vertrat die Auffassung, der Satz Christi «Dies ist mein Leib» würde des Sinnes entbehren, wenn sich das Pronomen «dies» nicht auf eine individuelle Substanz, nämlich die des Brotes, beziehe. Brot und Wein blieben also der Substanz nach, was sie sind, und nur eine geistige Bedeutung trete hinzu. Dies schließe zwar eine dingliche Präsenz Christi aus, beinhalte aber dennoch seine ebenso wahre und reale Präsenz im Sakrament. Diese Stellungnahme löste einen Sturm der Entrüstung aus. Auch eine der prominentesten Stimmen der damaligen Theologie, Lanfrank von Pavia, ab 1045 Prior des Klosters Bec, meldete sich zu Wort und verlangte, man solle lieber auf die Tradition der Patristik hören, als über die Macht Gottes zu räsonnieren. 1059 wurde Berengar gezwungen, seine Lehre zurückzuziehen.

Der Sturm gegen Berengar – dem sich unter anderen Adelmann von Lüttich, Hugo von Langres und Guitmond von Aversa anschlossen – war Wasser auf die Mühlen der brodelnden antiphilosophischen Strömungen. Es sind wenigstens die Namen der Benediktiner Otloh von St. Emmeram, Petrus Damiani aus Ravenna und, eine Generation später, Manegold von Lautenbach zu erwähnen. Petrus Damiani behandelte 1067 in seinem Traktat *Über die Allmacht Gottes* die Frage, ob Gott die Jungfräulichkeit einer entjungferten Frau wiederherstellen und im Allgemeinen das Geschehene ungeschehen machen könne. Sein Schluss: Gott ließe sich nicht von den Gesetzen der philosophischen Vernunft fesseln; man solle demjenigen, der die Allmacht Gottes in Frage stellt, nicht zuhören, sondern ihn «anspucken» und «ausräuchern».

Ein Jahr nachdem Lanfrank seinen Feldzug gegen Berengar erfolgreich beendet hatte (1060), kam Anselm von Aosta zum Kloster Bec. Der Ruhm Lanfranks als Lehrer und Dialektiker hatte ihn von seiner Heimat in den burgundischen Alpen bis in die Normandie geführt. Anselm ließ sich in Bec nieder, machte dort Karriere (1063 Prior, 1079 Abt), und wurde 1093 zum Nachfolger Lanfranks auf dem erzbischöflichen Sitz in Canterbury. Dort starb er im Jahr 1109. Die Daten sind zu beachten: Anselm brachte sein erstes spekulatives Werk, das *Monologion (Monolog)*, 1077 in Umlauf – zehn Jahre nachdem Petrus Damiani die Absetzung der philosophischen Vernunft zugunsten der Freiheit und Allmacht Gottes verfochten hatte. Es wäre sicher übertrieben, Anselms *Monolog* als eine Antwort auf Petrus Damiani zu sehen. Doch war die programmatische Absicht dieses Traktats, über Gott «allein mittels Vernunft» (*sola ratione*) zu reflektieren, eine Ohrfeige für die antiphilosophische Strömung, die sich immer mehr innerhalb des Benediktinerordens ausbreitete. Anselm inszenierte am Anfang seines Traktats eine ganz andere Benediktinertradition: diejenige seiner Klasse in der Klosterschule, die von ihm eine rein rationale Reflexion über Gott verlangte, ohne auf die Autorität der Hl. Schrift zu rekurrieren.

Er stellte sich einen Kontrahenten vor, der nicht wusste, was man von Gott denkt, weil er nie etwas von ihm gehört hatte bzw. weil er nicht an ihn glaubte. Nun erstrebt jeder Mensch, egal ob er gläubig ist oder Atheist, das, was er für gut hält. Man nimmt dabei an, es gebe viele Güter, die mehr oder weniger als erstrebenswert erscheinen und mit verschiedener Intensität erstrebt werden. Man ordnet also sein Begehren nach einer Skala größerer oder kleinerer Güter. Die gemeinsame, reale Bestimmung ‹gut› muss einen einheitlichen Grund haben. Dieser Grund ist das oberste Gut, das am Gipfel dieser Skala steht; als solches ist es eines und existiert kraft seiner selbst, es ist also das oberste Wesen. Anders ausgedrückt: Die tagtägliche Erfahrung des menschlichen Verhaltens (das Streben nach dem subjektiv als gut Eingeschätzten) setzt nach Anselm eine axiologische Dimension voraus, die ihrerseits eine Werteskala beinhaltet, die als solche einen höchsten, begründenden Wert impliziert. Das höchste Wesen zeigt sich als die implizite Voraussetzung jeder einzelnen Bestrebung – und zwar *sola ratione*. Anselm verweist in diesem Zusammenhang mit Recht auf Augustinus. Es ist allerdings bei ihm eine besondere Sorgfalt festzustellen, durch die Hinterfragung der Evidenz der Erfahrung die Bedingungen ihrer Möglichkeit zum Ausdruck kommen zu lassen – eine Methode, die mit Recht den Zwang des Argumentierens durch «reine Vernunft» beanspruchen konnte und die philosophische Intention des *Monologs* zeigt.

Natürlich wusste Anselm, wie seiner Argumentation hätte begegnet werden können: durch die Ablehnung der geordneten Werteskala und der konsequenten Annahme eines «summum bonum», das die geordnete Reihe der Güter nach oben abschließt, weil es mehrere «summa bona» per definitionem nicht geben kann. Anselms Antwort war: Wer nicht erkennt, dass ein Pferd besser als ein Holz und ein Mensch besser als ein Pferd ist – der «darf nicht Mensch genannt werden». Hier zeigt das unerschütterliche Vertrauen in die Vernunft ein besorgniserregendes Gesicht: Die Anerkennung der Verbindlichkeit der Vernunft konstituiert die Norm für die Zugehörigkeit zur Spezies Mensch – der Irre ist kein Mensch, er ist nur dem Anschein nach Mensch. Die ‹theologische› Interpretation dieses Werks, die heute immer noch in weiten Bereichen der Forschung vertreten wird, ist schwierig zu teilen. Anselm verwies zwar einmal auf Augustinus und versicherte, die Notwendigkeit seiner Argumentation sei nicht als «absolut», sondern nur bis zum Beweis des Gegenteils als gültig zu betrachten. Aber in beiden Fällen handelt es sich offensichtlich um prophylaktischen Selbstschutz: Er wollte «sola ratione» verfahren und tat es auch. Der Rest des Traktats ist der Diskussion der Konsequenzen gewidmet, die sich aus der ‹Entdeckung› des höchsten Wesens ergeben. Es ist nicht verursacht, sondern es ist Erste Ursache des Universums. Dieses Verursachen ist vernünftig orientiert und erfolgt durch ein «Sprechen der Dinge» in einem vernünftigen Wort. Das Verhältnis des Sprechenden zum Wort darf als Vater und Sohn dargestellt werden. Aus dem Vater und dem Sohn geht Liebe hervor. Der Mensch, das vernünftige Wesen, ist Abbild des höchsten Wesens und dazu bestimmt, es zu lieben. Im letzten Kapitel schließt Anselm seinen Gedankengang: «und diesem höchsten Wesen wird der Name ‹Gott› eigentlich zugeschrieben.»

Ebenfalls eine rationale Darlegung der Trinität im Rahmen eines weiteren, ‹kompakteren› Gottesbeweises verfolgte Anselm in einem zwei Jahre später veröffentlichten Traktat, dem *Proslogion*. Ausgangspunkt ist hier die Definition Gottes als «das, worüber hinaus nichts Größeres («maius») gedacht werden kann», die auch derjenige teilt, der die Existenz Gottes ablehnt. Denkt man nach Anselm diese Definition konsequent, so kann man nicht umhin festzustellen, dass die Nicht-Existenz dieses so definierten Seienden nicht gedacht werden kann, denn, denkt man dieses Seiende als nicht-existent, so sieht man sofort ein, dass dieses Seiende, als existent gedacht, ‹größer› als das nicht-existente wäre. Entweder also denkt man ‹Gott› nicht, oder, wenn man ‹Gott› denkt und ihn nach seiner Definition denkt, hat man seine Existenz als Bedingung dieses Gedankens schon selbst mitgedacht. Die weiteren Eigenschaften des so als existent erwiesenen Gottes entwickelt Anselm nach der im *Monolog* verfolgten Methode. Der Traktat setzt mit einem Gebet ein, ist in Form einer Ansprache an Gott geschrieben und zielt darauf ab, im Unterschied zu dem von der tagtäglichen Erfahrung ausgehenden *Monolog*, etwas Geglaubtes (‹Gott›) durch die Vernunft zu ergründen und durchsichtig zu machen (nach der Maxime: «Ich glaube, um zu verstehen»).

Erwähnenswert unter den übrigen Werken Anselms ist der Traktat *Warum ist Gott Mensch geworden?* Die alte Antwort der Kirchenväter, Gottvater habe durch das Opfer seines Sohnes die von Satan infolge der Sünde Adams erworbenen Rechte auf die Menschheit ‹loskaufen› wollen, ersetzte Anselm durch seine ganz neue ‹Satisfaktionslehre›. Adams Sünde sei nämlich vielmehr als eine Verletzung der Ehre Gottes zu deuten, und diese Verletzung sei so unermesslich, dass eine entsprechende Genugtuung ein unermessliches Opfer verlange. Dies sei allein durch Gott selbst zu leisten. Um also die ursprüngliche Ordnung wiederherzustellen, habe Gott seinen Sohn für die Menschheit geopfert. Als er den Traktat schrieb (1098), war Anselm der mächtige Erzbischof von Canterbury, ein Feudalherr, der mit Königen streiten und verhandeln konnte. Sühne, Ehre, Genugtuung, Rangordnung waren leitende Begriffe der feudalen Gesellschaft, in der er lebte. Sein Gott hatte die Züge des Kaisers des Universums, dessen Gerechtigkeit darin bestand, die Ordnung als legale Norm konsequent einzuhalten. Eine Generation später vertrat Petrus Abaelard die These, die Passion Christi sei allein als höchster Liebesakt Gottes für die Menschheit und als Signal der exemplarischen Tugend des Gehorsams zu verstehen. Denn das Wesen Gottes sei die Liebe. Mit Abaelard meldete sich die Stimme der städtischen Gesellschaft zu Wort, die jahrhundertelange Hegemonie des Benediktinerordens über die Kultur des lateinischen Abendlands ging ihrem Ende entgegen.

IV. Eine Renaissance in der lateinischen Welt? Das 12. Jahrhundert

«Orientale lumen», «Das Licht kommt aus Osten», war ein Schlagwort, das im Mittelalter nicht nur die Orientierung der Kirchenbauten bestimmte, sondern auch die der Intellektuellen. Anselm benutzte für seine Werke gräzisierende Titel, und die Verstärkung der Handelsbeziehungen Westeuropas und des Reichs mit Byzanz förderten das Entstehen neuer Generationen von des Griechischen kundigen Gelehrten. Am Hof Friedrichs I. lebten Theologen (Hugo von Honau, Petrus von Wien), die Korrespondenz mit Kollegen in Byzanz führten. Reichsbischof Anselm von Havelberg berichtet in seinem *Anticimenon* von einer theologischen Diskussion, die er 1136 in Byzanz mit dem Erzkollegen Nikita von Nikomedien hatte. Anwesend waren drei italienische Gelehrte: Moses von Bergamo, der als Dolmetscher fungierte, und seine Freunde Jakob von Venedig und Burgundio von Pisa. Aus Jakobs Feder stammen wichtige Übersetzungen von Aristoteles (*Logik, Über die Seele, Physik* und *Metaphysik*), Burgundio übertrug Schriften der Kirchenväter (Johannes Chrysostomos, Johannes von Damaskus, Nemesios von Emesa) und Galens ins Lateinische.

Aber wenn auch das theologische Licht vom Osten her ausstrahlte, kamen die Neuheiten der Philosophie aus dem Westen – aus dem arabischen Spanien.

1. Blüte und Krise der intellektuellen Eliten in al-Andalus

Die Entwicklung des philosophischen Denkens in al-Andalus (wie die Araber Spanien nannten) ging langsamer als im islamischen Osten voran und fand erst im 12. Jahrhundert seine Blüte. In den ersten Dezennien des Jahrhunderts war die philosophische Fragestellung noch von dem Neuplatonismus al-Fârâbîs geprägt: Ibn Bâdjdja (Avempace), aus Saragossa, Wesir am Hof der Almoraviden und 1138 gestorben, behandelte ein typisch Fârâbî'sches Thema im Traktat *Über die Verbindung des Intellekts mit dem Menschen*, indem er den intellektuellen Weg zur Vollkommenheit und zur Glückseligkeit als die fortschreitende Identifizierung mit dem universalen Intellekt schilderte, die durch das philosophische Studium zu einer Art mystischer Schau gelangt. In seiner Schrift *Über die Lebensführung des Einsamen* formulierte er eine individualistische Lösung zur Frage nach der Stellung des Philosophen in der Gesellschaft.

Die Abstandnahme vom alten Fârâbî'schen Ideal einer Harmonie von Staat und seiner philosophischen Leitung charakterisiert auch die Haltung Ibn Tufayls (Abubacer), eines erfolgreichen Arztes, der in Granada, Tanger und zuletzt in Marrakesch, wo er 1185 starb, am Almohadischen Hof tätig war. Im philosophischen Entwicklungsroman *Der Lebende, der Sohn des Wachenden* legte er die Etappen der intellektuellen Entwicklung eines Menschen dar, der von Kindheit an allein auf einer Insel aufwächst und von Tieren ernährt wird. Im reifen Alter kommt dieser Mensch in ganz natürlicher Weise bis zur Erkenntnis Gottes und seiner Attribute und stellt endlich fest, dass auch die Bewohner einer benachbarten Insel – eine muslimische Gemeinschaft – seine Ideen teilen, diese aber nicht aufgrund einer rationalen Reflexion erreicht haben, sondern als autoritative Botschaft eines Propheten glauben. Ibn Tufayl wollte durch seinen Roman zeigen, dass die natürliche Vernunft und der religiöse Glaube zwei Wege zu derselben Wahrheit sind, die zwei Diskursebenen entsprechen: zum einen die Diskursebene derjenigen, die zum rationalen Argumentieren fähig sind, zum anderen die Diskursebene für das Volk, das durch religiöse Rhetorik überzeugt werden soll. Damit artikulierte er eine Position, die unter den damaligen regierenden Eliten im moslemischen Spanien sehr verbreitet war und auch jüdische Kreise erreichte (man denke an Maimonides, s. unten S. 49 f.).

Der wichtigste Wortführer dieser Richtung war Ibn Ruschd (Averroes), Mitglied einer angesehenen Familie aus Cordoba,

Gelehrter, Jurist und Arzt, der von Ibn Tufayl am Hof des liberalen Kalifs Abû Ya'qûb Yûssuf (1163–84) eingeführt wurde und dort über längere Zeit tätig war. Ibn Ruschd formulierte seine Überzeugung in der Form einer «fatwa», eines juristischen Gutachtens (*Der entscheidende Traktat*) über die Frage, «ob das Studium der Philosophie und der Logik vom Gesetz erlaubt, verboten, empfohlen oder auferlegt wird». Er konnte im Koran Sätze finden, die die Gläubigen zum Nachdenken ermahnen, und leitete daraus die Pflicht zur Philosophie ab – freilich für diejenigen, die fähig sind, rationale Argumente zu diskutieren. In Bezug auf die Koran-Aussagen erkennt der Philosoph ihre Wahrheit, wenn sie evident sind; handelt es sich um metaphorische Aussagen, so soll er sie durch Interpretation transparent für die Vernunft machen; wenige sind die Fälle, die unentschieden bleiben. Im gegen Ghazâlî gerichteten Traktat *Die Inkohärenz der Inkohärenz* verteidigte Averroes die Positionen der Philosophen, indem er zeigte, der Vorwurf der Irreligiosität beruhe auf Interpretationen von metaphorischen Koran-Stellen, die diskutabel sind.

Philosophie bedeutete aber für Averroes nicht den Neuplatonismus von Fârâbî und Avicenna, sondern – Aristoteles. In der Überzeugung, das Aristotelische Werk stelle die höchste Form der Entfaltung der natürlichen Vernunft dar, unternahm Averroes eine gründliche und analytische Präsentation desselben. Das gigantische Projekt wurde durch den Kalifen unterstützt und führte zur Veröffentlichung einer beachtlichen Anzahl von Kommentaren verschiedener Typologie (ausführliche Auslegungen, Paraphrasen, kürzere Fassungen) zum *Corpus Aristotelicum*. Da viele dieser Kommentare relativ früh (um 1230–35) ins Lateinische übersetzt wurden, war Averroes ein wichtiger Vermittler Aristotelischer Lehre in die okzidentale Welt.

Im Namen des Aristoteles kritisierte Averroes viele Thesen Avicennas, ohne jedoch seine dominierende Position in der geistigen Welt des Islams zu gefährden: Tatsächlich übte Averroes einen weitgehend größeren Einfluss im lateinischen als im arabischen Mittelalter aus. Er verwarf die emanatistische Lehre über die Entstehung der Intelligenzen, ohne auf die Idee der Beseeltheit der Himmelssphären und ihrer Einflüsse auf die Erde zu verzichten. Das Objekt der Metaphysik bestimmte er als Gott und die getrennten Substanzen; damit würde für ihn die Metaphysik zu einer philosophischen Theologie. In der Darlegung der Aristotelischen Psychologie betonte Averroes den Aspekt der Universalität der Erkenntnis, indem er die Einheit der die Begriffe aktuierenden Instanz (der Tätige Intellekt) und der die reine und unendliche Erkenntnismöglichkeit begründenden Instanz (der Materielle Intellekt) annahm und die Intentionalität der Erkenntnis auf die generalisierenden Produkte der Einbildungskraft (der Mögliche Intellekt) zurückführte. Der wissenschaftliche Intellekt sei die Fähigkeit, die Begriffe und die argumentativen Verkettungen zu behalten und wieder zu aktivieren. Der fortschreitende Zuwachs des Wissens könne in bestimmten Fällen zur Identifizierung mit dem Tätigen Intellekt (der Erlangte Intellekt) führen: Darin bestehe die mentale Seligkeit, das höchste Ziel der natürlichen Vernunft.

Eine Gestalt, die viel Gemeinsames mit Averroes hatte, war der ebenfalls in Cordoba zwölf Jahre später (1138) geborene Moses ben Maimon (Maimonides). Er war wie Averroes ein angesehener Arzt und hatte volles Vertrauen in die rationale wissenschaftliche Methode. Wie Averroes hatte er Schwierigkeiten mit den vielen Anthropomorphismen und mit den vielen klerikalen Interpretationen des literalen Sinnes der Schrift. Er war kein Moslem, sondern Jude, und die Treue zum eigenen Glauben zwang ihn und seine Familie dazu, aus der streng islamisch regierten Welt der Almohaden zu flüchten und sich in Kairo niederzulassen. Dort stand er über 25 Jahre der jüdischen Gemeinschaft vor, praktizierte als Arzt und verfasste medizinische Traktate und Kommentare zu den juridischen Traditionen des Judentums. Maimonides' philosophisches Hauptwerk ist der *Führer der Unschlüssigen*, in dem er den Einklang von Philosophie und Torah beweisen wollte. Der scheinbare Konflikt zwischen beiden entsteht aus einer naiven Lektüre der Schrift, die bei der literalen Oberfläche verharrt und für die tiefen metaphysischen und wissenschaftlichen Wahrheiten blind ist, die hinter dem Literalsinn der Torah und der rabbinischen Tradition verborgen sind. Das korrekt interpretierte Judentum ist nach Maimonides wahre Philosophie, wobei der Begriff von Philosophie wesentlich mit der Aristotelischen Lehre nach der Deutung Fârâbîs und Avicennas zusammenfällt.

Wenn die Schrift z. B. behauptet, dass «Gott auf dem Thron sitzt», soll man nicht beim Buchstaben bleiben und jede Frage hiernach als häretisch verwerfen (wie Mâlik ibn Anas tat, s. oben S. 21): Vielmehr bedeutet etwa der «Thron» die Erhabenheit und das «Sitzen» die Stetigkeit Gottes. Die Prädikate Gottes, die die Torah überliefert, beschreiben seine Tätigkeit, nicht sein Wesen, und die negative Theologie ist die adäquateste Form, über Gott zu sprechen. Von Gott als Erster Ursache können Existenz, Immaterialität und Einheit demonstrativ bewiesen werden, während die Schöpfung aus dem Nichts nur eine Hypothese bleibt, die unter philosophischem Standpunkt gleichwertig zur Weltewigkeit ist. Der Aristotelische Gottesbegriff als Denken des Denkens ist nach Maimonides mit der Allwissenheit und der Freiheit des Willens Gottes kompatibel. Mit dem Peripatetismus Avicennianischer Prägung teilt Maimonides die Kosmologie, die Annahme der Intelligenzen und ihrer Entstehung durch Emanation (s. S. 36), die Beseeltheit der Himmel, die Naturalität der philosophischen Prophezeiung und die Idee der Glückseligkeit als fortschreitender Prozess der intellektuellen Gotteserkenntnis. Der *Führer der Unschlüssigen* war ein bedeutender und nicht unumstrittener Versuch innerhalb der alten jüdischen religionsphilosophischen Tradition. Der ursprünglich arabisch abgefasste Text wurde 1204 ins Hebräische (Samuel ibn Tibbon) übersetzt, bald darauf fand eine lateinische Übertragung statt, und Maimonides wurde zu einem vielbeachteten Gelehrten auch in der lateinischen Welt.

Die Stadt Cordoba, in der arabische Philosophen wie Ibn Tufayl und Averroes, aber auch jüdische Gelehrte wie Maimonides und Josef ibn Zadiq lebten (Letzterer war der Verfasser eines von Ibn Gabirol beeinflussten und neuplatonisch gefärbten *Mikrokosmos*), mit all ihren prächtigen Bibliotheken, Schulen und wissenschaftlichen Traditionen, ist ein Symbol der außergewöhnlichen Errungenschaften von al-Andalus, aber auch ein

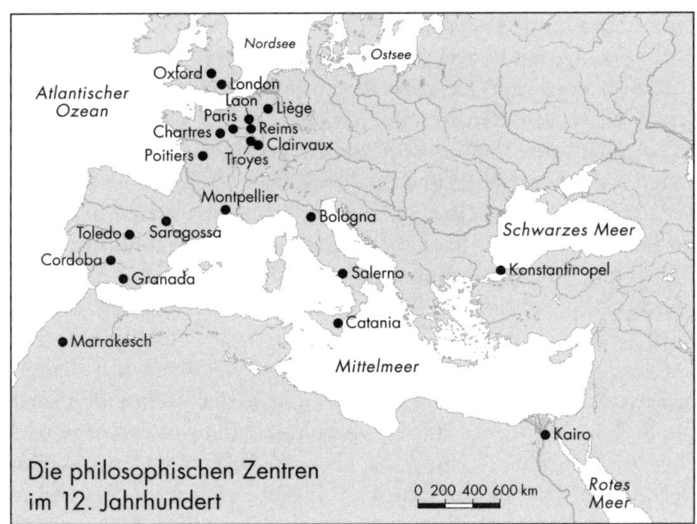

Die philosophischen Zentren im 12. Jahrhundert

Beispiel für die immer lauernde Gefahr der religiösen Intoleranz. Nach dem Sieg der streng religiös orientierten Almohaden (der «Verteidiger der Einheit Gottes») von 1148 änderte sich das intellektuelle Klima Schritt für Schritt. Die Juden gingen ins Exil, und auch der hoch angesehene Averroes geriet am Ende seines Lebens in Konflikt mit der Obrigkeit. Die dominierende Orthodoxie feierte den Sieg. Die Blüte des arabischen Denkens ging zu Ende.

2. Grenzregionen: Die Übersetzungen

Knapp 350 Kilometer von Cordoba entfernt lag Toledo, das seit dem Ende des 11. Jahrhunderts fest in christlicher Hand war. Dort gab es wenig markante Persönlichkeiten, aber es herrschte bereits gegen Mitte des 12. Jahrhundert eine rege, unaufhörliche Tätigkeit in den Bereichen Studium, Übersetzung und kultureller Aneignung. In dieser Stadt und Grenzregion kamen Gelehrte aus ganz Europa zusammen und waren als Übersetzer tätig: Gerhard von Cremona, Johannes von Sevilla, Avendauth,

Domingo Gundisalvo (Gonzalo), Hermann von Carinthia, Robert von Chester, Platon von Tivoli, Alfred von Sareshill. Toledo stand im Volksmund in dem Ruf, das Hauptzentrum der magischen Wissenschaften zu sein. Das Interesse der Übersetzer kreiste vor allem um die philosophischen, geometrischen, arithmetischen, astronomischen und medizinischen Texte der Antike und der arabischen Tradition. In einem Jahrhundert wurde der lateinischen Kulturwelt eine ganze wissenschaftliche Bibliothek zur Verfügung gestellt – Euklid, Ptolemaios, Galen, Thâbit, das Hermetische Schrifttum, Avicenna, Avicebron, Averroes, al-Battânî, Mâshâ'allâh, Sahl ibn Bishr (Zael), Albumasar. Ein Teil der griechischen Texte wurde freilich, wie oben angedeutet, außerhalb Spaniens und direkt aus dem Griechischen übersetzt (Teile des Aristoteles: Jakob von Venedig; Platons *Phaidon* und *Menon*: Henricus Aristippus). Aber der Beitrag der arabischen Vermittlung war in quantitativer Hinsicht enorm und erstreckte sich bis in das erste Viertel des 13. Jahrhunderts: Nach einem Aufenthalt in Toledo (1215, 1217) arbeitete Michael Scotus, wahrscheinlich nicht allein, noch in den 20er Jahren an dem riesigen Projekt einer Übertragung des *Corpus Aristotelicum* mit den Kommentaren des Averroes, das in kurzer Zeit zur Grundlage für den Universitätsunterricht Europas wurde.

An der iberischen Grenze zwischen Lateinern und Arabern trafen sich Nachfrage und Angebot der wissenschaftlichen Texte und nährten sich gegenseitig. Der intellektuelle Qualitätssprung, den man im 12. Jahrhundert in der lateinischen Welt beobachtet und den viele Historiker sogar als eine ‹Renaissance› betrachteten, basiert auf der Verfügbarkeit dieses Komplexes philosophischer und wissenschaftlicher Texte, aber auch und vor allem auf den Interessen eines neuen, städtischen, Latein lesenden Publikums. Die konkreten Wege der Herstellung und Verbreitung dieser Texte sind noch in den Einzelfällen zu untersuchen. Hier hilft nur intensive Spezialforschung. Um nur ein Beispiel zu nennen: Die philologische Rekonstruktion der frühen Verbreitung der *Meteorologie* des Aristoteles, deren 4. Buch über die chemischen Prozesse um 1050 in Sizilien durch Henricus Aristippus übersetzt worden war, zeigt, dass dieser Text

50 Jahre lang völlig wirkungslos blieb. Erst zum Jahrhundertende baute Alfred von Sareshill ihn in eine *Meteorologica*-Sammlung ein und brachte ihn aus England in Umlauf. Von diesem Punkt an begann eine rasche und unaufhaltsame Verbreitung dieser Schrift, von der heute noch etwa einhundert Handschriften erhalten sind. Es genügte also nicht, dass ein Werk übersetzt vorlag, um seine Verbreitung zu garantieren. Die Beziehung zwischen Übersetzer und Publikum spielte hierbei offensichtlich die entscheidende Rolle. Dies war auch der Fall bei so wichtigen Texten wie Platons *Phaidon* und *Menon*, die ebenfalls in Sizilien übersetzt wurden und bis zu ihrer Entdeckung durch Petrarca nahezu ungelesen blieben.

Eine andere Grenze verlief im Osten, wo man am Studium und an der Kommentierung der alten «hellenischen» Philosophie arbeitete. Um die Mitte des 11. Jahrhunderts (1045) war die Akademie in Konstantinopel neu organisiert und der Mönch Michael Psellos zum «Konsul der Philosophen» ernannt worden. Die Basis des Studiums blieb traditionsgemäß die Logik des Aristoteles, die Psellos intensiv betrieb. Die Natur betrachtete er als eine die «Energie» des Schöpfergottes entfaltende dynamische Kraft, in metaphysischer Hinsicht vertrat er eine besonders durch Proklos geprägte Lektüre der Platonischen Philosophie. Psellos' erklärte Absicht war, das Denken Platons als mit dem Christentum weitgehend vereinbar zu erweisen, und auch Teile des Aristotelismus konnten zu diesem Ziel genutzt werden. Die Nachfolger des Psellos in der Akademie pflegten die Aristotelische Logik weiter, wie die Kommentare des zweiten «Konsuls» Johannes Italus zeigen. In maßgeblichen kirchlichen Kreisen stieg aber das Verlangen, die philosophische Tradition differenzierender zu sehen. So unterstrich Italus' Schüler Eustratios von Nikaia in seinem *Kommentar zur Nikomachischen Ethik* die Divergenzen zwischen Platon und Aristoteles, und Nikolaus von Methone griff zur Feder, um durch eine *Widerlegung der Theologischen Elemente des Proklos* die radikale Unvereinbarkeit von Christentum und neuplatonischer Philosophie zu statuieren. Diese Diskussionen mündeten oft in Verurteilungen und Exkommunikationen. Von all dem fand jedoch nur Eustratios den Weg in den Westen. Sein Kommentar wurde zusammen mit weiteren von Michael von Ephesos verfassten Teilen gegen Mitte des 14. Jahrhunderts ins Lateinische übersetzt.

3. Die Schulen Frankreichs

Eine neue urbanisierte Gesellschaft und eine in Kirche und Staat aufkommende Bürokratie verlangten nach Spezialwissen, nach effizienteren Bildungsstrukturen und nach höherer systematischer Rationalität. Das Instrument für die Bildung der Eliten war nicht mehr die Kloster- und die Kathedralschule – die Pfeiler der Weitergabe des alten klerikalen Wissens –, sondern die «schola», die Gemeinschaft von Meister und ihn für den Unterricht bezahlenden Studenten. Die Schule konnte auch mit einem Dom verbunden sein, sie war aber im Prinzip beweglich wie der Meister selbst und in ihrer Existenz von dessen Erfolg und Misserfolg abhängig. Schulen entstanden in den Städten Europas: in Bologna, in Salerno, Montpellier, London, Oxford, Poitiers. In Nordfrankreich, wo die Verbindung der neuen mit den alten und soliden Kathedralschulen mehr als anderswo erhalten blieb, zeigt sich eine besonders große Verdichtung: Es gab Schulen in Chartres, Reims, Liège, Laon, Troyes und vor allem Paris. Die propädeutischen Unterrichtsfächer waren noch diejenigen der Tradition des Martianus Capella: Grammatik, Logik, Rhetorik («Trivium»), Arithmetik, Geometrie, Astronomie und Musiklehre («Quadruvium»). Diesem Studium folgte eine spezielle Ausbildung: Jura, Medizin oder Theologie, wobei Lokaltraditionen das eine oder das andere Fach zu überregionalem Renommée führten, wie Jura in Bologna oder Medizin in Salerno und Montpellier. Als Föderation von Schulen entstanden im 13. Jahrhundert die Universitäten.

An der Gestalt des Petrus Abaelard zeigen sich die zukunftsträchtigen Züge des neuen städtischen Intellektuellen. Abaelard, 1079 geboren, stammte aus einer Familie des niederen Adels der Bretagne. Er wählte weder den weltlichen Weg des bewaffneten Ritters noch den geistlichen Weg des regulierten Ordenslebens, sondern er wanderte von Schule zu Schule, um

Philosophie und später Theologie zu lernen. Er studierte Logik bei Roscelin von Compiègne, in den folgenden Jahren war er in Paris bei dem berühmten Magister Wilhelm von Champeaux. Schon zwischen 1108–1110 führte er eine eigene Schule, und durch seinen höchst innovativen, auf die Aristotelische Logik zentrierten Unterricht gewann er eine große Zuhörerschaft, wobei er in Konflikt mit den traditionell orientierten Kollegen geriet. Charakteristisch ist in dieser Hinsicht seine Polemik gegen Wilhelm von Champeaux. Dieser vertrat eine realistische Deutung der Universalbegriffe, indem er etwa den Grund dafür, dass wir zwei Individuen als ‹Menschen› deklarieren, darin sah, dass sie ‹tatsächlich› Anteil an der Menschheit haben – daher sei die Menschheit ‹real›. Abaelards Kritik: Diese Lehre betrachte das Einzelding als ein unerklärbares Konglomerat aus einem individuellem und einem universalem Teil. Nach Abaelard ist das Verhältnis zwischen Individuen und Universal vielmehr semantisch zu erklären: Es existieren in der Wirklichkeit nur Individuen, und die Universalien (Menschheit usf.) sind Wörter, die sich auf die Individuen beziehen, weil sie ihnen aufgrund einer durch die klassifizierende Vernunft abstrahierten «Beschaffenheit» («status») derselben zugeschrieben werden. Dieser «status» geht wohl auf die Ordnungsprinzipien der Schöpfung zurück, aber setzt nichts ‹Reales› über das Individuum hinaus voraus (Nominalismus).

Als erfolgreicher Magister in Paris hatte Abaelard eine Liebesgeschichte mit einer hochbegabten Studentin, Eloise, bekam mit ihr ein Kind, heiratete sie im Geheimen, weil der Stand eines Verheirateten zum Profil eines Professors nicht passte, und wurde von Dienern der mächtigen Familie Eloises entmannt. Eloise ging ins Kloster, er wurde Mönch. Parallel zu seinem bewegten Privatleben lief gegen ihn eine öffentliche Verfolgung seitens traditionalistisch orientierter kirchlicher Würdenträger, angeführt von Bernhard von Clairvaux: Abaelards Anwendung der Dialektik auf theologische Fragen wurde als höchste Gefahr betrachtet, und seine Thesen wurden von Konzilen überprüft und verurteilt (1121 in Soissons, 1140 in Sens). Er starb im Jahre 1142.

Wir lernen Abaelards dramatisches Leben nicht – wie nach altem Brauch der Benediktiner – aus der Feder eines seiner Schüler kennen, sondern aus seiner Autobiographie (*Leidensgeschichte*): Auch dies war Innovation. Innovativ waren seine logischen Schriften (Aristoteles-Kommentare, *Dialektik*), seine Moralphilosophie (*Ethik oder Erkenne dich selbst*), in der er die Intention des agierenden Subjekts zum einzigen Maßstab für die Bewertung des tugendhaften Verhaltens machte, seine Offenheit den anderen Religionen gegenüber (*Dialog zwischen einem Philosophen, einem Juden und einem Christen*), die auf die Idee einer ursprünglichen, rational durchdringbaren philosophischen Offenbarung baute. Innovativ war auch sein Beitrag zu den theologischen Studien: Während der Hauptzweck der damaligen Theologie (Anselm und Radulf von Laon, Petrus Lombardus, Robert von Melun) die Ermittlung der wahren Überlieferung war und man daher vor allem umfangreiche Dossiers patristischer Dicta und Autoritäten sammelte, zeigte er in einem Werk (*Ja und nein*) die Schwierigkeit der traditionellen Methode und die Unvermeidbarkeit einer logischen Analyse auch auf dem theologischen Feld (*Theologia Summi boni*, *Christiana* und *Scholarium*).

Mit Abaelards Moral der Intention und mit seiner Deutung der Inkarnation als reine Liebesbezeigung Gottes schlug die neue Kultur der Städte eine rationale Alternative zu obsolet werdenden feudalen Konstrukten wie Gottesurteil, Pönitentialrecht und Satisfaktionslehre vor. Die Fundamentalisten bei den Lateinern reagierten wie ihre Gesinnungsgenossen in der islamischen Welt (S. 51). Wilhelm von St. Thierry, ein in der Dialektik studierter, dem engeren Freundeskreis *Bernhards von Clairvaux* angehörender Zisterziensermönch, zeichnete sich im Kampf gegen die philosophischen Neuerer besonders aus. Er teilte mit seinem Freund die Abscheu für jede Form wissenschaftlicher Neugierde. Beide propagierten das Ideal einer «Philosophie der Innerlichkeit», die im «Wissen um Jesus, und zwar um den Gekreuzigten» bestehe (eine alte Idee des Maximos, S. 17), und deren Hauptzweck es sei, in der Flucht aus der Welt den Frieden der Gottesliebe und der mystischen Kontemplation zu gewinnen. Bernhards mystischer Weg vertrug sich offensichtlich mit dem militanten Kampf gegen andere Religionen (er begrüßte die Gründung des Tempelordens und predigte 1146 den Kreuzzug) und mit der Denunziation Andersdenkender. Abaelard wurde der Häresie angeklagt und so mundtod gemacht. Aber auch andere ‹Neugierige› wurden ins Visier genommen – wie Wilhelm von Conches, ein Wissenschaftler, der 1144–49 am Hof des Herzogs der Normandie, Gottfried Plantagenet, als Lehrer seines Sohnes Heinrich wirkte.

Wilhelm war das vielleicht profilierteste Mitglied einer Gruppe von Lehrern, die oft in der Literatur als «Schule von Chartres» apostrophiert werden: Bernhard von Chartres, Thierry von Chartres, Clarembald von Arras, Bernhardus Silvestris, Johannes von Salisbury. Auch wenn Zweifel darüber bestehen, ob alle diese in Chartres tatsächlich unterrichteten, waren sie durch gemeinsame Lektüre, philosophische Fragen und Forschungsinteressen verbunden. Sie schätzten den Bildungswert der Texte der griechischen und römischen Antike sehr hoch (Johannes von Salisbury, *Entheticus*, *Metalogicon*), betrachteten die Metaphorik der klassischen Dichtung als eine verschlossene Wahrheitsvermittlung («integumentum») und sahen in Platons Kosmologie und Physik ein mögliches Werkzeug für eine Revision des nunmehr als unbefriedigend empfundenen biblischen kosmogonischen Berichts (Thierry, *Über die sechs Werke der Schöpfung*; Bernhard, *Cosmographie*).

Das Werk Wilhelms, das die Aufmerksamkeit der frommen Zisterzienser auf sich zog, trug den Titel *Philosophie*. Er verstand unter Philosophie kein mystisches «Wissen um Jesu», sondern rationales «Wissen um die unsichtbaren und sichtbaren Dinge», d. h. universales Wissen über Gott, Weltseele, Dämonen, Entstehung der Welt, Elementenlehre, Astronomie, Geographie, Meteorologie, Anatomie und Medizin. Die geschaffene Natur – die eigentlich im Mittelpunkt seines Werks steht – erscheint hier als ein organischer Komplex von Phänomenen, die von rational erforschbaren Gesetzen regiert werden. Sie wird durch ein einheitliches und inneres Prinzip belebt und gesteuert: die Weltseele. Wilhelms methodisches Prinzip lautete:

«Man muss in Allem nach dem Grund fragen.» Infolge einer rationalen Analyse bestritt er z. B. die Existenz der Wasser oberhalb des Firmaments oder die Erschaffung der ersten Frau aus Adams Rippe. Die Angriffe Wilhelms von St. Thierry und Bernhards zwangen ihn zum Widerruf einiger seiner Thesen, die er in einem Dialog zwischen «Herzog» und «Philosoph», dem *Dragmaticon*, neu formulierte. Aber auch in diesem Werk blieb er den Inhalten und der Methode der früheren *Philosophie* treu.

Mit seiner rationalen Deutung der Erschaffung der Welt stand Wilhelm nicht allein. Thierry von Chartres deutete die Etappen des Sechstagewerks als Momente eines natürlichen Prozesses, den Gott durch seinen schöpferischen Akt in Gang gebracht habe und der sich durch innere Gesetze entwickelte. Thierry und Clarembald versuchten, durch die Anwendung mathematischer Modelle die Struktur des Universums zu erfassen. Die Faszination der geometrischen Methode motivierte einige Jahrzehnte später den Versuch einer Axiomatik der Theologie: Zu erwähnen sind die *Regeln der Theologie* des Alanus ab Insulis und die *Kunst des christlichen Glaubens* des Nikolaus von Amiens. Doch mit Wilhelm von Conches kündigt sich mehr als zukunftsträchtige wissenschaftliche Neugierde an. Mit ihm betritt ein neuer Typ von Intellektuellen die Bühne der mittelalterlichen Philosophie im Okzident – eine bisher nur in der islamischen Welt bekannte Gestalt, die des Wissenschaftlers, der am fürstlichen Hof agierte. Solchen Gestalten wird man immer häufiger in den fürstlichen Kanzleien begegnen, und sie waren Träger der weltlichen Interessen einer langsam sich entwickelnden weltlichen Adelskultur.

Bernhard und Wilhelm von St. Thierry griffen also mit Abaelard, dem Pariser Dialektiker, und Wilhelm, dem Naturwissenschaftler des normannischen Hofes, Persönlichkeiten von hohem Symbolwert an. Sie wollten das Neue kategorisch tilgen. Sie verfuhren konsequent, indem sie eine dritte Front eröffneten, und zwar mit dem Kampf gegen den einflussreichen Lehrer Gilbert Porreta. Gilbert hatte in Chartres und Laon studiert, in Chartres und in Paris gelehrt, und er war 1142 zum Bischof von Poitiers gewählt worden. In seinem Hauptwerk, dem Kommentar zu Boethius' *De hebdomadibus*, zeigte er eine große dialektische Meisterschaft und artikulierte metaphysische Überzeugungen, die eng mit der in Chartres verbreiteten Platonischen Philosophie zusammengehörten. Er interpretierte die Boethianische Unterscheidung zwischen «Sein» (*esse*) und «das, was ist» (*id, quod est*) im Sinne von universaler Form resp. Individuum (z. B. «Menschheit» und «Mensch») und sah bei der begründenden Funktion der Form den höchsten Grad der Aktualität («Subsistenz»). Das, was wirklich existiert, sei primär der universale und formale Aspekt des Dings, der seinerseits ein in Gott existierendes Modell widerspiegele. Gilberts Versuch, aufgrund dieser Unterscheidung die Trinität zu deuten («Gottheit», «Gott») wurde 1148 vom Konzil von Reims abgelehnt. Gilbert selbst wurde nicht verurteilt.

Ein Freund, wenn auch nicht ein Parteigänger Bernhards war der jahrzehntelange Leiter der Schule von St. Viktor in Paris: Hugo. Die Schule war 1108 von Wilhelm von Champeaux gegründet worden, Hugo – der 1113 in das Stift eintrat und 1141 starb – machte sie durch sein Magisterium und sein einflussreiches Werk zu einer der bedeutendsten Bildungsanstalten im kulturellen Panorama des Jahrhunderts. Das Unterrichtsprogramm sollte nach Hugo am richtigen Verständnis der Hl. Schrift orientiert sein, das intellektuelle Fortschreiten sollte durch «Lesen und Meditieren» erreicht werden. Was die Inhalte des Unterrichts betrifft, so zeichnete er ein breites Programm mit einer innovativen Systematik, die nicht nur «Theorik», «Praktik» und «Logik», sondern auch die handwerklichen Techniken der «Mechanik» umfasste. Der Komplex dieser Fächer, die Hugo im *Didascalicon* darstellte, war für ihn «philosophia» im alten Sinne von «Liebe zur Weisheit». Die Übung der biblischen Exegese (vor allem Kommentare zum Alten Testament), die an erster Stelle eine historische Deutung erforderte, machte ihn auf die symbolischen Inhalte der Heils- und der Profangeschichte aufmerksam; damit wurde eine Reflexion über die Historie als Werk Gottes legitimiert, der sich Rupert von Deutz, Gerhoch von Reichersberg, Otto von Freising widmeten und die bis in die millennaristischen Interpretationen Joachims von Fiore mündete. Mit dem Überblickswerk *Über die Sakramente* bot Hugo eine systematische und auch später viel beachtete Untersuchung zum Thema. In der Tradition Augustins standen seine spirituellen Traktate, die den Weg zur Vollkommenheit durch die Übung der Introspektion preisen (darunter die heute noch in über dreihundert Handschriften erhaltene Schrift *Über das Pfand der Seele*). Hugo beschäftigte sich auch intensiv mit den Schriften des *Corpus Dionysiacum* (*Kommentar zur himmlischen Hierarchie*). Die spirituelle und affektive Theologie Hugos wurde durch Richard von St. Viktor weiterentwickelt (*Der große* und *Der kleine Benjamin*). In St. Viktor studierte ab 1134 Petrus Lombardus, der Verfasser einer erfolgreichen systematisch strukturierten Sammlung von *Lehrmeinungen* der Patristik («Libri IV Sententiarum»).

Kurz nach der Mitte des Jahrhunderts erlosch die Generation der großen Neuerer. Danach bestimmten den Schulbetrieb Nachahmung und Kleinarbeit. Untersucht und vertieft wurden die Spezifizität der theologischen Sprache, die eventuell notwendigen Unterscheidungen, um Trugschlüsse zu vermeiden, und die zentrale Frage, ob die Aussagen über Gott in univokem oder in übertragenem Sinne zu verstehen seien und welche die Regeln dieser Übertragung seien. Besonders tätig auf dem letzten Untersuchungsfeld waren Lehrer, die unter dem Einfluss Gilberts Porreta standen, wie Simon von Tournai, Alanus ab Insulis und auch Praepositinus von Cremona und Stephan Langton. Eine weniger sprachlogische und mehr an der Autorität der Patristik orientierte Haltung war die des Petrus Lombardus, dessen Text im 13. Jahrhundert zum Handbuch für die theologischen Fakultäten avancierte.

Es waren mehrere Modelle von Philosophie, welche das 12. Jahrhundert erprobte. Das eine war das auf das Quadruvium zentrierte «Wissen um die unsichtbaren und sichtbaren Dinge» der Chartrenser, die sich auf Platons *Timaios* und auf Makrobios berufen konnten. Das andere war die auf die Aristotelische Syllogistik bauende Dialektik und Unterscheidungskunst Abaelards und der Porretaner. Es gab ferner die traditionellere «Liebe zur Wahrheit» der Viktoriner, die an klassische Motive anknüpfte, und die mönchische Reaktion auf das neugierige «überall nach dem Grund Fragen»: Philosophie als «Wissen um Jesus den Gekreuzigten». Nicht anders war es in Byzanz, wo man das Erbe der alten hellenischen Philosophie Platons und Aristoteles' weiterpflegte, aber zugleich dieser «Philosophie von draußen» eine «heimische Philosophie» («philosophìa kath' hemâs») – die Theologie – gegenüberstellte. Nach dem jüdischen Theosophen und Kabbalisten Eleasar von Worms war ein «Philosoph» ein Verständiger, der in den Geheimnissen der okkulten Wissenschaften bewandert war. In jeder dieser Definitionen konkretisierte sich damals die «Philosophie».

V. Die Lateiner und das heidnische Wissen. Das 13. Jahrhundert

Im 13. Jahrhundert änderte sich das philosophische Panorama radikal. In wenigen Dezennien verloren alte traditionsreiche Kulturzentren wie Salerno, Chartres, Laon, Melun und Reims an Bedeutung, und neue gewannen an Profil, wie Oxford, Padua und Toulouse. Bologna, Montpellier und Paris stiegen definitiv zu internationalem Renommée empor. Die entscheidende Änderung betraf aber die kulturellen Machtverhältnisse zwischen Osten und Westen: Die Araber verloren die führende Position, die sie seit Jahrhunderten innehatten. Der Schwerpunkt des philosophischen und wissenschaftlichen Schaffens verschob sich von der arabischen Welt zur lateinischen. Die Aggressivität des islamischen Klerus schwächte die rationalistische Position der *falsafa*, die über keinen festen institutionellen Rahmen verfügten und daher stets auf dynastisches Wohlwollen angewiesen waren. Im Westen hingegen gelang es den Fundamentalisten nicht, den kräftigen Rationalitätsschub zu neutralisieren, der aus den urbanen Schulen kam. Die kommunale Gesellschaft brauchte Notare, Ärzte, Juristen, Apotheker und Literaten. Aber Notare, Schreiber und Sekretäre brauchte auch die wachsende kirchliche Bürokratie. Die Bischöfe und das Papsttum vertraten eine moderate Position und förderten die Entwicklung der entstehenden Universitäten, indem sie sich als deren institutionelle Garanten anboten und die dort erworbenen Grade für die Qualifizierung des eigenen Personals anerkannten.

1. Die Philosophie an den Universitäten

Im lateinischen Europa fand im ersten Viertel des Jahrhunderts eine gründliche Umstrukturierung der Wissensübertragung statt, die sowohl die Organisationsformen als auch die Lehrinhalte betraf und schwerwiegende Konsequenzen für die philosophischen Studien mit sich führte. Eine solidere und effizientere Organisation wurde durch die Föderierung der Schulen in Fakultäten erreicht, die in voller Autonomie das innere Funktionieren durch eigene Statuten regulierten. Es konsolidierten sich bald vier Fakultäten, die sog. «Artes», Medizin, Jura und Theologie. Dieser Komplex der Fakultäten bildete eine Universität («Studium»), die durch einen von den Studenten bzw. von den Professoren – je nach Pariser bzw. Bologneser Tradition – gewählten Rektor repräsentiert wurde. Überregionale Universitäten («Studia generalia») besaßen das meistens vom Apostolischen Stuhl erteilte Privileg der universellen Anerkennung der durch sie verliehenen Grade.

Eine solche Organisation basierte zwar noch immer auf einem personenrechtlichen Vertrag zwischen Studenten und Professoren, aber sie vermochte nun eine institutionelle Kontinuität bei der Weitergabe des höheren Wissens zu garantieren, wie es sie früher nie gegeben hatte. Die Konsolidierung der Universitäten hatte auch für den Lehrkörper wichtige Konsequenzen: Es entstand zum ersten Mal eine gut definierbare soziale Gruppe von Intellektuellen, die ihren Lebensunterhalt aus dem Beruf des Lehrens bezogen. Dies betraf auch die Philosophie, die einen institutionellen Ort bei den «Artes» fand: Philosophie wurde zum Beruf.

In der Fakultät der «Artes» konzentrierten sich die philosophischen Studien («facultas philosophie seu artium»). Diese

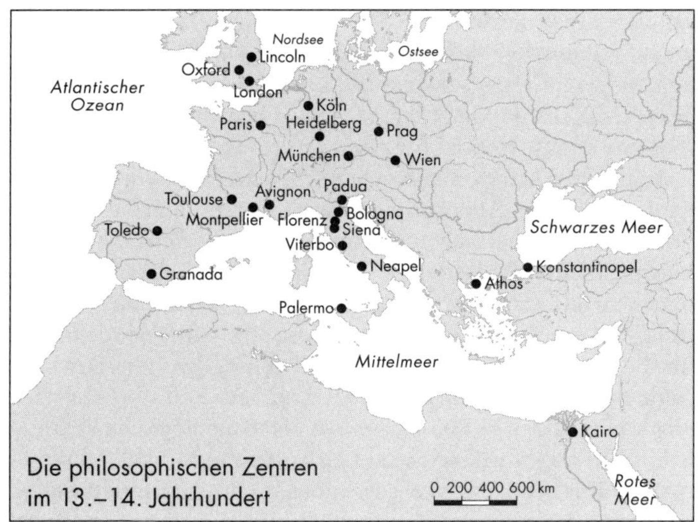

Die philosophischen Zentren im 13.–14. Jahrhundert

Fakultät hatte eine propädeutische Funktion, weil sich die Studenten dort die Grundlagen für das Studium in den anderen Fakultäten – besonders durch Grammatik, Dialektik und Naturwissen – aneigneten. Die «Artes», die der Fakultät den Namen gaben, waren zwar die alten Artes liberales hochmittelalterlicher Tradition. Aber der Lehrplan wurde durch die Übernahme neuer Texte und Lehrbücher reformiert. In den ersten Jahrzehnten des 13. Jahrhunderts wuchs ständig (besonders in Ärztekreisen) das Interesse an den «Naturbüchern» («libri naturales») des Aristoteles, die wegen ihrer Ausführlichkeit und methodischen Strenge als *das* Handbuch weltlichen Wissens imponierten. Dokumente aus den 1240er Jahren zeigen die Transformationen, die die Lehrprogramme besonders im Segment des Quadruviums erfuhren. Im Trivium las man noch Priscian von Caesarea und Donat (Grammatik), Ciceros *De inventione* (Rhetorik) und die logischen Schriften des Aristoteles (*Organon*); die Autoren des Quadruviums waren Ptolemaios (Astronomie), Euklid (Geometrie) und Boethius (Arithmetik, Musik) und die naturwissenschaftlichen Werke des Aristoteles. Der Unterricht bestand darin, dass der Professor diese Texte vorlas und erörterte («lectio») und die daraus entstehenden Fragen regelmäßig mit den Studenten diskutierte («disputatio»). Die neuen Aristotelischen Texte ins Zentrum der Lehre zu stellen bedeutete, ein ungeheures Forschungspotential freizusetzen.

Auch die Theologen brauchten Naturwissen, vor allem für die Bibelexegese. Aber für die meisten waren Plinius und Isidor genug, und sie betrachteten argwöhnisch die Flut der heidnischen, ein wissenschaftliches Weltbild überliefernden Texte, das ohne den alttestamentarischen Gott und ohne jegliche Offenbarung auskam. In Paris, wo die Philosophie ein Propädeutikum für die Theologie bildete, wurde die Lektüre der «libri Aristotelis de naturali philosophia» wiederholt verboten. Weniger Probleme entstanden in Bologna, wo es keine theologische Fakultät gab, und in Oxford, das eine markantere naturwissenschaftliche Tradition besaß. Neu gegründete Universitäten (Toulouse 1229) versprachen ein freies Studium der Aristotelischen Texte, um besser um Studenten werben zu können. Doch Aristoteles kam nicht allein. Er war begleitet von Avicenna, Avicebron, Averroes und von einer Myriade weiterer naturwissenschaftlicher und philosophischer Schriften derselben Provenienz. Der unaufhaltsame Vormarsch des ‹Philosophus› in die lateinische Welt bedeutete gleichzeitig Wiederkehr der Antike und Abhängigkeit vom Islam.

2. Philosophische Landschaften: Paris

Ein Überblick über die verschiedenen Regionen und Zentren, die Elemente philosophischen Lebens aufweisen, soll mit Paris anfangen. Wie es Bologna für Jura war, so war Paris der Magnet für die philosophischen und theologischen Studien. Dorthin kamen Studenten und Professoren aus der ganzen lateinischen Welt, von dorther verbreiteten sich neue Ideen und aktuelle Diskussionsthemen. Paris war auch der Ort heftiger kultureller Auseinandersetzungen. 1210 befahl eine Provinzialsynode die Verbrennung der Werke eines durch Aristoteles beeinflussten, des Griechischen kundigen Arztes, Davids von Dinant, und verbot die Lektüre der naturphilosophischen Texte des Aristoteles. 1215 erneuerte Kardinallegat Robert von Courçon das Verbot. Im Jahr 1231 berief der Bischof von Paris, Wilhelm von Auvergne, eine Kommission ein, um sie ‹bereinigen› zu lassen. Trotz des theologischen Widerstandes verbreitete sich die Praxis, über Aristoteles zu lesen, und die Programme der philosophischen Fakultät in Paris waren bereits um 1240 de facto von Aristoteles geprägt; diese Situation wurde 1255 offiziell durch die Statuten festgeschrieben.

Das intensive Studium der Grammatik und der Aristotelischen Logik an der Fakultät für Philosophie zielte auf den Ausbau argumentativ-dialektischer Kompetenz ab, mit besonderer Berücksichtigung des Problems der Trugschlüsse in der Diskussion. In der 1. Hälfte des 13. Jahrhunderts entwickelte sich daher über die traditionelle Lehre der *Sophistischen Trugschlüsse* des Aristoteles hinaus ein intensives Studium der Semantik der Wörter («proprietates terminorum»). Durch die Analyse der Supposition vermochte man z. B. die verschiedenen Bedeutungen zu unterscheiden, die derselbe Terminus in verschiedenen Kontexten einnimmt (etwa: *homo currit,* «Der Mensch läuft»; *homo est animal,* «Der Mensch ist ein Tier»; *homo est nomen,* «Mensch ist ein Name»), während durch die «Erweiterung» («ampliatio») die Ausdehnung des referentiellen Bereichs auf Vergangenheit und Zukunft untersucht wurde. Wichtige Beiträge auf diesem Feld brachten in Paris die Professoren Lambert von Lagny und Petrus Hispanus (wahrscheinlich mit dem späteren Papst Johannes XXI. identifizierbar). Die besondere Berücksichtigung der «Erweiterung» scheint die Pariser Schule im Vergleich zu den Oxforder Entwicklungen (William von Sherwood) zu charakterisieren. In der 2. Hälfte des Jahrhunderts entwickelte sich ferner in Paris eine Schule semantischer Studien, «Spekulative Grammatik» genannt, deren Hauptvertreter die Skandinavier Johannes, Martin und Boethius von Dänemark, und später Radulphus Brito waren. Diese Art, Grammatik zu betreiben, bestand (im Unterschied zur traditionellen pädagogischen Grammatik) in der Untersuchung der universalen Struktur der Sprache und der Bedeutungsweisen («modi significandi») der Redebestandteile, die sich nach der Meinung dieser Schule mit den entsprechenden Seinsweisen («modi essendi») und Denkweisen («modi intelligendi») deckten. Allgemeine Überzeugung der «Modisten» – so die Bezeichnung dieser Gruppe – war, dass die lateinische Sprache die Merkmale der ‹Natursprache› aufweise.

Während in der bereits konsolidierten Kunst der Logik ein Weg über Aristoteles hinaus gesucht wurde, blieben seine metaphysischen und naturwissenschaftlichen Schriften vorerst Gegenstand von Aneignung, und zwar durch systematische Literal- wie auch spezifische Quästionenkommentare. Es gibt ein umfangreiches, zum Teil anonymes Schrifttum universitärer Provenienz, das noch ungedruckt vorliegt und das die Produktion bekannter und weniger bekannter Lehrer der philosophischen Fakultät überliefert. Viele Namen sind bekannt, so etwa für die 2. Hälfte des Jahrhunderts Nikolaus von Paris, Aegidius von Orléans, Alberich von Reims und Heinrich von Brüssel; schwierig ist es meistens, diese Autoren mit genauen biographischen Daten zu belegen. Siger von Brabant und Boethius von Dänemark sind die am besten erforschten Gelehrten.

Die Liste der uns erhaltenen Werke Sigers von Brabant zeigt, wie er seinen Beruf als Professor verstand. Die meisten Schriften von ihm sind Kommentare zu Aristotelischen Werken – Logik, Naturwissenschaft und Metaphysik. Er konzentrierte sich besonders auf das III. Buch *Über die Seele*, auf das er zweimal zurückkam. In den um 1265 verfassten *Quaestiones* vertrat er die These, es gebe nicht nur einen einzigen wirkenden, sondern auch einen einzigen Möglichen Intellekt für die ganze Menschheit, wobei die individuelle Seite des Erkenntnisvorgangs auf die aus der individuellen Sinneswahrnehmung gewonnenen Allgemeinbilder («phantasmata») zurückzuführen sei. Nun vertrug sich zwar die Idee der Einzigkeit des Aktiven Intellekts als Quelle der Universalität der Erkenntnis mit der alten Augustinischen Idee von Gott als Grund der Gewissheit und der Intelligibilität, und sie war damals weitgehend akzeptiert. Aber die Einzigkeit des Möglichen Intellekts stieß auf allgemeine Ablehnung, weil sie die Individualität der intellektiven Seele und damit auch die Möglichkeit einer Theologie des individuellen Heils in Frage stellte. Siger verband diese Lehre mit Averroes' Namen und begründete sie dadurch, dass er die Intersubjektivität des Begriffs als evidente Erfahrung hervorhob. Aus der benachbarten Fakultät der Theologie kam sofort die Reaktion. Der prominenteste Franziskaner, Bonaventura, griff die «Blindheit der Philosophen» in öffentlichen Vorträgen an; der Stern der Dominikaner, Thomas von Aquin, nahm die Feder und schrieb gegen die *Averroisten* eine Widerlegung *Über die Einheit des Intellekts.* 1270 wurde deren Lehre verboten, drei Jahre später (*Über die intellektuelle Seele*) verteidigte Siger die Averroistische Gnoseologie wieder, aber diesmal vorsichtigerweise als «Weg der Philosophie» und (nur) als die korrekte Interpretation des Aristoteles. Dieselbe Einschränkung formulierte er in Bezug auf die Frage nach der Ewigkeit der Welt: Sie sei innerhalb der Aristotelischen Epistemologie zu bejahen, auch wenn man aufgrund der Autorität des Wortes Gottes glaubt, dass die Welt einen Anfang und ein Ende hat. Siger verteidigte lediglich das Recht und die Pflicht, seinen Beruf als Professor der Philosophie in voller Autonomie auszuüben, und zwar in doppelter Hinsicht: als Vermittlung des neuesten Standes der Wissenschaft an seine Studenten und als Erforschung der aktuellen kontroversen Fragen, die in seinem Forschungsfeld vorwiegend Interpretationen des *Corpus Aristotelicum* betrafen. Der Korpsgeist der Fakultät forderte akademische Freiheit ein, die Professoren stilisierten ihren Beruf als die Erfüllung des alten Ideals eines allein durch die Vernunft geführten «philosophischen Lebens». Boethius von Dänemark artikulierte diese Idee im Traktat *Über das höchste Gut oder Das Philosophenleben.*

Die Geschlossenheit des antiken Systems der Wissenschaften zeigte sich aufgrund der rationalen Erforschung dieser Gruppe von Intellektuellen in seiner ganzen gefährlichen Dimension. Die vollständige Übersetzung der Aristotelischen *Nikomachischen Ethik*, die Robert Grosseteste um 1246 aus Oxford zusammen mit dem Kommentar von Eustratios und Michael von Ephesos in Umlauf gebracht hatte, zeigte darüber hinaus, dass es auch ein geschlossenes System der Tugenden ohne irgendeine theologische Fundierung geben konnte. Die Philosophie-Professoren hatten zwar nicht die Absicht, die Dogmen des Glaubens in Frage zu stellen, aber aus ihrer unermüdlichen intellektuellen Tätigkeit erwies sich die Möglichkeit einer philosophischen Gesamtinterpretation der Welt und des Menschen, die de facto mit der christlichen Deutung konkurrierte.

Die Sorgen der Theologen und der kirchlichen Hierarchie bestanden also nicht ohne Grund. Im Jahre 1277 kam es zum Eklat. Étienne Bischof Tempier, in dessen Jurisdiktion sich die Universität Paris befand, veröffentlichte ein Verzeichnis mit 219 Thesen, zum großen Teil aus der Literatur entnommen, die in der philosophischen Fakultät in Umlauf waren. Die Liste mischte Stellungnahmen theologischer Natur (über die Natur des Wissens und des Wollens Gottes, über seine Allmacht und Erkennbarkeit usf.) mit moralisch relevanten Sätzen (Unsterblichkeit der Seele, Freiheit und Schicksal, Lohn und Strafe im Jenseits) und mit kosmologischen Aussagen arabischer Provenienz (Intelligenzenlehre, Emanation). Moniert wurden auch einige auf die Autonomie der philosophischen Forschung und ihre Vorzüglichkeit als Lebensform bezogenen Ausdrücke. Die Verbreitung jedes Satzes wurde unter Strafe der Exkommunikation gesetzt. Der lange Marsch der Philosophie ins Abendland wurde an einer neuralgischen Stelle, in Paris, vorübergehend blockiert.

Die Auseinandersetzung mit den neuen philosophischen Texten begleitete die Entwicklungen der Pariser Theologie über das ganze Jahrhundert. Es gab in den ersten Jahrzehnten freilich Summen, die wesentlich in der Patristik verankert blieben, wie Wilhelm von Auxerres *Goldene Summe über die IV Bücher der Sentenzen* oder Philipp des Kanzlers *Summa de bono*. Doch bereits in den 1230er Jahren begannen die Theologen damit, anhand von Kategorien zu arbeiten, die aus Aristoteles und aus seinen Exegeten Averroes und Avicenna kamen: Potenz und Akt, Materie und Form, Tätiger und Möglicher Intellekt, Sein und Wesen. Es handelte sich um kein reines Aristotelisches

Gedankengut, denn auch der Hylemorphismus Avicebrons genoss damals große Autorität, und darüber hinaus enthielt das *Corpus Aristotelicum* auch Schriften, die rein Platonischen Ursprungs waren: Das Buch der Ursachen (*Liber de causis*) hielt man z. B. allgemein für den Gipfel der Aristotelischen Metaphysik, es war aber eine Zusammenfassung aus Proklos. Zeichen der Öffnung hin zu den philosophischen Texten sind bereits zu beobachten in der *Göttlichen Lehre* des Pariser Bischofs Wilhelm von Auvergne. Aber die Vorreiter dieser Bewegung waren vor allem die Theologen der neuen Mendikantenorden.

Sowohl der 1219 in Bologna zu den Dominikanern übergegangene Arzt und Philosophie-Lehrer Roland von Cremona (ab 1229 Professor in Paris) als auch der erst 1236 zum Franziskaner gewordene Magister Alexander von Hales betrachteten das begriffliche Instrumentarium der Philosophie als eine wesentliche Hilfe für ihre Arbeit. Sie kannten die Philosophie aus früherer professioneller Erfahrung gut, weil sie erst als Erwachsene rekrutiert worden waren. Alexander von Hales im Besonderen führte in den Theologieunterricht die bei den Artisten übliche Methode der *Quaestio disputata* ein und wählte als Handbuch für seine Vorlesungen die *Sentenzen* des Petrus Lombardus. Bei aller Offenheit gegenüber den antiken Lehrmeinungen blieb er allerdings, wie alle seine Kollegen dieser Generation, der Autorität der Tradition verpflichtet – vor allem der Augustins. Man griff ohne große Rücksicht auf Provenienz Ideen auf, die am besten für die punktuelle Unterstützung theologischer Positionen funktionalisiert werden konnten. So fand z. B. die Lehre von der Vielheit der substantiellen Form breite Zustimmung, weil sie für die Christologie nutzbar gemacht werden konnte; Avicebrons Hylemorphismus half dabei, die Transzendenz Gottes hervorzuheben; der Primat des Willens begründete den Weg der affektiven Mystik; auf die Illumination Gottes konnte die Gewissheit der Wahrheit zurückgeführt werden. Göttliche Bestimmungen diverser Traditionen wurden thematisiert: Avicennas «ens necessarium» bei Wilhelm von Auvergne, und Dionysios' «summum bonum» bei Alexander von Hales.

Der größte Beitrag zur Theologie in Paris kam von den Mendikantenprofessoren. Im Unterschied zu den anderen Kollegen aus dem weltlichen Klerus, die ihren Lehrstuhl lebenslang behielten, rotierten sie in schnellem Takt nacheinander und brachten in die Fakultät immer neue Energien. Ihre Liste ist ein Register der führenden Theologen und Philosophen des Jahrhunderts. Die Franziskaner konnten nach Alexander von Hales bis zum Ende des Jahrhunderts namhafte Professoren aufreihen: so z. B. Johannes de Rupella, Bonaventura, Matthäus von Acquasparta, Eustachius von Arras, Wilhelm de la Mare, Walther von Brügge, Petrus Johannis Olivi, Petrus de Trabibus, Gonsalvus von Spanien, Vitalis de Furno.

Die leitende Gestalt dieser Gruppe war ein Schüler Alexanders, der 1243 in den Franziskanerorden eingetretene und 1253 zum Magister der Theologie promovierte Bonaventura von Bagnoregio. Auf seine Unterrichtszeit gehen ein umfangreicher *Sentenzenkommentar* und verschiedene *Quästionen* zurück. Mit seiner Wahl zum General der Franziskaner (1257) verschob er den Schwerpunkt seiner Tätigkeit auf die Leitung des durch entgegengesetzte Gruppen (Spiritualen, Observanten) und starke Spannungen charakterisierten Ordens. Er ließ die eschatologische, durch die Ideen des Joachim von Fiore beeinflusste Lehre des Gerhard von Borgo San Donnino verurteilen, verfasste die neuen Ordensstatuten (Narbonne 1260) und die offizielle Franziskus-Biographie, verteidigte die Mendikantenorden gegen den Weltkleriker Gerhard von Abbéville. Er verfasste kleinere Traktate, darunter den besonders verbreiteten *Weg des Gemüts zu Gott*. In seinen letzten Jahren kam er nach Paris zurück, um im Mittelpunkt der Theologie des Christentums gegen den Aristotelismus öffentlich Stellung zu nehmen (1273, *Reden über das Sechstagewerk*).

In seinen *Reden* hob Bonaventura den Kardinalfehler der zeitgenössischen Philosophie hervor: Man habe sträflich Aristoteles' Kritik gegen Platon Gehör gegeben und die Lehre von den Ideen als ewigen Gesetzen der Schöpfung abgelehnt. Die modernen Philosophen der Artes-Fakultät hätten daher Vorsehung, Willensfreiheit, Unsterblichkeit der individuellen Seele verneint und Strafe und Belohnung nach dem Tod zur Disposition gestellt. Diese «blinden» Philosophen propagierten eine Weltdeutung ohne Gott und ohne Werte. Nun hatte Bonaventura Aristoteles studiert und akzeptierte große Teile seiner Naturwissenschaft. Er wollte seine Stimme gegen die totalitären Ansprüche des Aristotelismus erheben und fand das Heilmittel in der Überlieferung der Philosophie selbst angeboten. Es gab auch «philosophi illuminati», die den einen Gott anbeteten und die Tugenden und die Weisheit übten. Die Reflexion über sich selbst sei der wahre Weg, um die Weisheit wiederzufinden – so Bonaventura im Traktat *Der Weg des Gemüts zu Gott*. Folge man dem alten Imperativ: «Trete in dich selbst ein», so stelle man durch die innere Evidenz fest, dass es in der begrifflichen Welt Gewissheiten gibt, die kein empirisches Fundament in der Außenwelt haben, sondern vielmehr ewige Gesetze («rationes aeternae») voraussetzen. Die Bedingung der Möglichkeit jedes wahren und sicheren Urteils ist der oberste Begriff des Seins («ipsum esse»), genau so wie jedes axiologische Urteil Gott als Güte («ipsum bonum») voraussetzt. Die Gewissheit der Wahrheit kommt nur aus dem Inneren, die «Illumination» Gottes ist die Chiffre für diese Überzeugung. Der rationale Weg soll in die durch die Liebe herbeigeführte transrationale Einung mit Gott münden, aber Bonaventuras Werk enthält, wie man sieht, rein philosophische und höchst spekulative Segmente.

Sein kulturelles Projekt stimmte allerdings mit den Positionen des traditionellen, mehrheitlichen Flügels der Pariser Theologen überein: Es ging dabei darum, der Theologie das Naturwissen und die Philosophie dienstbar zu machen und unterzuordnen. Und Theologie bedeutete hier die Weisheit Augustinischer Prägung.

Dieselbe Absicht verfolgten auch die Pariser Dominikanertheologen, doch mit anderen Strategien. Die ersten Professoren dieses Ordens vertraten eine eher traditionelle Theologie (Roland von Cremona, Hugo von St. Cher, Peter von Tarentaise). Aber kurz vor der Mitte des Jahrhunderts setzte sich bei den Dominikanern, gemessen an den aktuellen Forschungen in der philosophischen Fakultät, ein offenerer Geist durch. Dabei mischte sich wahrscheinlich die Sorge um die Attraktivität, die der Orden für die Intellektuellen aus dem universitären Milieu von Anfang an ausgeübt hatte, und die Überzeugung, eine ablehnende Haltung sei der Herausforderung der Islamischen Wissenschaft auch in spekulativer Hinsicht inadäquat. Der Wortführer dieser Richtung war Albertus Magnus, der in Paris in den Jahren 1245–48 Theologie lehrte. Während seines Pariser Aufenthaltes arbeitete er an theologischen Werken, vor allem an der sog. *Pariser Summe* und an einem *Sentenzenkommentar*. Erst nach seiner Rückkehr nach Deutschland begann Albert mit dem damals fast unvorstellbaren Vorhaben, den ganzen überlieferten Aristoteles auszulegen. Seine philosophischen Kommentare wurden alle in Deutschland abgefasst, sie sind ein «deutsches» Werk, und wir werden sie unten, S. 84–87, vorstellen. Aber Albert übte durch seine Schriften einen beträchtlichen Einfluss auch auf Paris aus. Er wurde dort bei den Professoren der Philosophie viel gelesen und besonders hochgeschätzt, weil sie seine Gesamtauslegung des *Corpus Aristotelicum* als eine Legitimierung ihrer wissenschaftlichen Arbeit betrachteten.

In den 1250er Jahren fand im Dominikanerorden eine Diskussion über die Modernisierung der Lehrprogramme statt, die in der internen Studienorganisation vorgeschrieben waren. Es wurde schließlich (1259) in Valenciennes eine Kommission eingesetzt, zu der u. a. Peter von Tarentaise, Albert und sein Schüler Thomas von Aquin gehörten. Ihr Votum war: Das Aristotelische Lehrprogramm des Philosophieunterrichts sei in das Ordensschulsystem zu übernehmen. In Anbetracht der führenden intellektuellen Rolle, die die Dominikaner spielten, handelte es sich um einen entscheidenden Schritt bei der Aneignung und Integrierung der antiken Philosophie – im Besonderen der des Aristoteles – in das christliche Denken.

Der wichtigste Stratege dieser Operation war, neben Albert, der 1224/5 in Roccasecca geborene Feudalherrensohn Thomas von Aquin. Thomas wurde von seiner Familie für die ekklesiastische Karriere bestimmt und nach altem Brauch der Benediktinerabtei Montecassino übergeben. In Neapel, wo er später zeitweise studierte, lernte er die Dominikaner kennen und trat 1244 in den Orden ein, wo sein Talent sogleich erkannt wurde und ihm die sofortige Entsendung nach Paris zum Studium der Theologie einbrachte. Dort studierte er bei Albert und folgte ihm 1248 nach Köln, 1252 kam er nach Paris als Assistent und als Professor zurück, ab 1259 war er in Italien, um die Studien der Dominikaner zu organisieren, danach 1268 noch einmal in Paris und 1272 in Neapel.

Die schriftstellerische Produktion des Thomas ist beeindruckend breit und spiegelt die unermüdliche Lehrtätigkeit eines Professors der Theologie wider. Thomas kommentierte die *Sentenzen* des Petrus Lombardus, mehrere Bücher der Bibel und Dionysios' *De divinis nominibus* und veröffentlichte die vielen Quästionenreihen (*disputatae* und *de quolibet*), die er in Paris und in Italien diskutierte. Er griff auch zweimal auf das übliche Instrument der *Summa* zurück, um den Einklang der Glaubenswahrheiten mit der philosophischen Vernunft (*Contra Gentiles*) zu zeigen und den Ordensbrüdern eine systematische Darstellung der Theologie (*Summa theologiae*) zu bieten. Außerdem diskutierte er Fragen theologischer Aktualität in speziellen Traktaten. Mit all diesen Werken deckte er das ganze Spektrum der Lehrpflichten eines Theologen ab; aber er arbeitete darüber hinaus intensiv auch im Feld der Philosophie, indem er ein Dutzend Kommentare zum *Corpus Aristotelicum* abfasste. Er zeigte damit, dass er sich nicht nur als ein Theologe, sondern auch als ein Philosoph verstand – genau wie sein Lehrer Albert.

Thomas' Programm war, Aristoteles zu legitimieren und ihn für die christliche Theologie zu beanspruchen. Er flankierte dieses Programm durch neue bzw. revidierte Übersetzungen (dabei half sein Mitbruder Wilhelm von Moerbeke), durch Kommentare, die eine Alternative zur damals hoch geschätzten Exegese des Averroes bieten sollten (unter dem Motto: «Averroes: mehr ein Verderber als ein Ausleger»), und begründete seine Operation, indem er das Aristotelische Denken als den Kulminationspunkt des Fortschritts der Vernunft in der Antike vorstellte. Er wollte zeigen, dass es möglich war, dieses Denken in den Horizont der Theologie zu integrieren. «Wird ein Argument gegen den Glauben in den Schriften der Philosophen gefunden, so ist dies nicht der Philosophie, sondern ihrem Missbrauch wegen mangelnder Beweisführungen zuzuschreiben» – schrieb er zuversichtlich –, und zwar deswegen, weil die Sätze der Theologie aus der sichersten Quelle der Wahrheit stammen und die wissenschaftliche Methode, sie den Prinzipien abzugewinnen, mit derjenigen der Philosophie identisch ist. Thomas artikulierte seine Idee in der Subalternationslehre: Die Theologie sei eine deduktive Wissenschaft wie jede andere, und so wie in der Hierarchie der Wissenschaften die untere aus der oberen ihre Prinzipien als bewiesen akzeptiert (etwa: die Optik aus der Geometrie), übernehme die Theologie ihre Prinzipien aus der allersichersten «Wissenschaft von Gott und den Seligen». Der Glaube erweist sich als ein vorläufiges, individuell wahrgenommenes Moment vom Wissen Gottes, das uns im künftigen Leben erwarte, und der Theologe entfaltet in seiner Arbeit sozusagen die Gedanken Gottes. Die Wahrheit der Theologie wurde damit als normativ für die Philosophie erklärt. Diese Position, die ihren Ausdruck im Satz: «philosophia ancilla theologiae» fand, mag wohl heute ziemlich dogmatisch klingen; aber sie diente damals dazu, eine systematische Anwendung der rationalen Methode in der Theologie und die Ergebnisse der philosophischen Theologie zu legitimieren. Beispiele dafür sind die a-posteriori-Beweise der Existenz Gottes und der Unsterblichkeit der Seele.

Das epistemologische Instrumentarium des Thomas kam aus Aristoteles, aber es handelte sich keineswegs um Aristoteles allein. Er verwertete z. B. in seinen *Summen* das mit eschatologischen Motiven beladene neuplatonische Modell von Hervorgang und Rückkehr zu Gott. Starke Einflüsse von Avicenna sind ferner in seinen Frühschriften nachzuweisen, an erster Stelle im Traktat *Über das Seiende und das Wesen*, in dem aufgrund der avicennianischen Überlegung, man könne nicht-existierende Wesen denken, das Wesen der Kreaturen als vom Sein verschieden deklariert wird. Im Falle der empirischen Substanzen drückt das in der Definition erfasste Wesen die Synthese von Materie und Form aus, in den immateriellen Substanzen (die Engel) ist das Wesen die Form, aber in beiden Fällen kommt das Sein

(Existenz) dem Wesen hinzu. Wesen und Sein sind nur in Gott identisch, weil er das Sein nicht *hat*, sondern *ist*. Die Universalbegriffe und die Elemente der Definition sind keine real existierenden Wesen, sondern verschiedene Betrachtungsweisen der Individuen. Es *existiert* nur das extramentale Sein.

Mit diesen Überlegungen nahm Thomas Abschied von der alten und verbreiteten Platonisch-Augustinischen Idee, die Form besitze in sich einen höheren Wirklichkeitsgrad, als wenn sie in der Materie ‹eingekerkert› sei. Er zentrierte seine Reflexion auf das konkrete, durch den Zeugungsprozess als Synthese von Dimensionalität (Materie) und Form entstandene Individuum, erkannte seine Autonomie und artikulierte hiermit ein sehr konkretes, nicht mehr symbolisches Verständnis der Natur, das unter anderem sich auf die Evidenz der tagtäglichen Erfahrung berufen konnte. Auf diese Evidenz rekurrierte er auch in seiner Polemik gegen die Averroistische Lehre von der Einheit des Intellekts und gegen die Franziskanische Lehre von der Mehrheit der substantiellen Form im Menschen. Gegen die Erstere betonte er, der Begriff sei zwar universal und intersubjektiv, aber dies heiße nicht, dass nur ein einziger Intellekt anzunehmen ist: Dagegen stehe die individuelle Erfahrung des Denkens («Es ist dieser Mensch da, der denkt»), die menschliche Vernunft sei keine Substanz, sondern ein individuelles Denkvermögen, das die Fähigkeit besitzt, die Universalität an den Tag zu legen, die in den Dingen und in den durch die Sinne gewonnenen Allgemeinbildern enthalten ist. Gegen Letztere wandte er ein, dass die Annahme der Koexistenz mehrerer Seelen im Menschen die wesentliche Einheit des Subjekts zerstören würde. Der oberste Einheitspunkt im Menschen ist seine Vernunft, dieser sei der ganze Mensch unterworfen, der Wille folge intellektuellen Bestimmungen. Auch bei dieser letzten Idee nahm Thomas Abstand vom Augustinismus der Franziskaner, die den Primat des Willens vertraten.

Als Thomas starb (1274), standen seine Lehren bereits im Zentrum einer heftigen Debatte. Seine Ablehnung der Vielheit der substantiellen Formen wurde 1277 gleichzeitig in England und in Paris verurteilt (vgl. oben S. 68). Der Franziskaner Wilhelm de la Mare veröffentlichte einen Band von Korrekturen (*Correctorium*) zu Thomas, Gegen-Korrekturen (*Correctorium Corruptorii*) aus ganz Europa waren die Antwort (Richard Knapwell, Johannes Quidort, Rambert de' Primadizzi). Der Dominikanerorden unterstützte die Lehre des Thomas, es bildete sich in Paris eine Schule ihm verpflichteter Theologen, die besonders im folgenden Jahrhundert Verbreitung fand (Bernhard von Trilia, Herveus Natalis, Wilhelm Petri de Godino) und antithomistisch orientierte Lektoren (Durandus von St. Pourçain) unter Druck setzte. Auf die Seite des Thomas stellte sich sehr früh der prominenteste Lehrer des Augustinerordens Aegidius von Rom, der dessen Reflexion über Sein und Wesen im Sinne einer Realdistinktion entwickelte. Neben dem Augustiner Jakob von Viterbo sind schließlich zwei Pariser Theologen aus dem Weltklerus zu erwähnen, Heinrich von Gent und Gottfried von Fontaines, die entgegengesetzte Positionen vertraten. Gottfried verteidigte einen rigorosen Intellektualismus Thomistischer Prägung, Heinrich hielt sich an die Augustinische Tradition und argumentierte für den Primat des Willens. In der Lehre des einflussreichen Genter Professors über die Unterscheidung zwischen Sein und Wesen in den Dingen spiegelte sich sein Voluntarismus wider: Diese Unterscheidung sei rein begrifflicher Natur, das Wesen des Dings bestehe in seiner ewigen und unveränderlichen Relation zu Gottes Wissen, sein Sein bzw. seine Existenz bestehe in seiner Relation zu Gottes schöpferischem Willen, die auf der effizienten Kausalität gründet und kontingent ist.

Es ist bestimmt kein Zufall, dass die letzten drei genannten Autoren – Jakob von Viterbo, Heinrich von Gent und Gottfried von Fontaines – sich einen Namen vor allem als Autoren von «Quodlibet»-Sammlungen machten, d. h. Quästionen, die von Studenten gestellt und von Professoren vor der gesammelten Fakultät regelmäßig diskutiert wurden. In der institutionellen Struktur der mittelalterlichen Universität waren diese öffentlichen Diskussionen Momente höchster Visibilität für Lehrer und Studenten und dienten zur Ausbildung der jungen Akademiker, die zum größten Teil darauf ausgerichtet war, öffentliche Auseinandersetzungen zu den verschiedensten Themen erfolgreich zu überwinden oder wenigstens zu überleben. Dies förderte die Konsolidierung von Schulen und von ‹Ordenstheologien›, und die Formulierung entsprechender antagonistischer Identifikationsthesen: etwa z. B. für die Franziskaner resp. die Dominikaner der Primat des Willens oder des Intellekts, die Deutung des Denkens als Folge der Illumination Gottes oder als Ergebnis induktiver Prozesse, die Annahme der Mehrheit oder der Einzigkeit der substantiellen Form, die Lehre einer von Lebenskeimen durchsetzten Materie oder der Materie als reiner Potenz usf. Summen und Quodlibeta-Sammlungen boten den Studenten Orientierung und Hilfe in einer kulturellen Welt, die sichere identifikative Antworten in der Schulkontroverse erforderte.

3. Philosophische Landschaften: England

Die Tradition naturwissenschaftlichen Interesses in England geht auf Adelard von Bath zurück, der in der 1. Hälfte des 12. Jahrhunderts Euklid aus dem Arabischen übersetzte und in seinen *Fragen über die Natur* die physikalischen Schriften des Aristoteles benutzte. In Toledo arbeitete Daniel von Morley, Verfasser eines Buches *Über die oberen und niederen Naturen.* Am Anfang des 13. Jahrhunderts führte eine Gruppe Gelehrter in Südengland diese Tradition weiter: Roger von Hereford schrieb astronomische Traktate, Alfred von Sareshill übersetzte aus dem Arabischen Teile aus Avicenna und pseudo-Aristoteles' *Über die Pflanzen,* schrieb Aristoteles-Kommentare und einen anatomischen Traktat *Über die Bewegung des Herzens.* Alfred widmete diese Schrift dem gelehrten Abt von Cirencester, Alexander Neckham, ehemaliger Lehrer in Paris und Verfasser einer Enzyklopädie *Über die Naturen der Dinge.* Mit Texten des Aristoteles und des Avicenna war John Blund vertraut, der am Anfang des Jahrhunderts einen Kommentar zu *De anima* verfasste. Zu dieser Gruppe gehörte auch der junge Robert Grosseteste, eine zentrale Gestalt der englischen Philosophie in der ersten Jahrhunderthälfte. Mit seinem Namen sind nicht nur die Anfänge der 1214 gegründeten Universität Oxford verbunden, wo er 1222 Kanzler war, sondern auch die ersten akademischen Schritte der neuen Mendikantenorden in England. Grosseteste hatte eine besondere Verbindung zu den Franziskanern, und, obwohl er nicht in den Orden eintrat, half er 1229/30 den Oxforder Brüdern, eine Theologieschule zu etablieren. Ab dem Jahr 1235 bis 1253 amtierte Grosseteste als Bischof von Lincoln und führte seine Studien weiter, wobei er sich die griechische Sprache aneignete, die er für zahlreiche schwierige Übersetzungen nutzte. Er übertrug unter anderem das ganze *Corpus Dionysiacum*, Johannes von Damaskus' *Über den orthodoxen Glauben*, die *Nikomachische Ethik* mit Eustratius' Kommentar. Bereits aus dem Komplex der von ihm übersetzten Texte zeigen sich die Breite seiner Interessen und die Offenheit seiner philosophischen Perspektiven. Er setzte sich auch mit wichtigen Texten des Aristoteles kommentierend auseinander, den *Zweiten Analytiken* und der *Physik,* und widmete speziellen Fragen der Metaphysik, der Physik und der Kosmologie kurze und streng argumentierende Traktate.

In der Schrift *Über das Licht* schlug Grosseteste eine Hypothese über das Entstehen und die Natur des Universums anhand des Modells des Lichts und seiner Ausbreitung vor. Erste Materie und Erste Form der Körperlichkeit seien die beobachtbaren Komponenten, aus denen alle Dinge des Universums bestehen (Einfluss Avicebrons, S. 38 f.); aber beide, als einfache Prinzipien genommen, vermögen nicht zu erklären, worauf die Entstehung der Dimensionen der verschiedenen Dinge zurückzuführen ist. Es müsse daher in der Ersten Form eine unendlich wirkende Energie angenommen werden, die sich in der Materie vervielfältige, verbreite und ausdehne. Vervielfältigung, Verbreitung und Ausdehnung seien aber, wie Grosseteste bemerkte, die Eigenschaften des Lichts. Die punktuelle und kugelförmige Ausbreitung des Lichts sei der Grund für die sphärische Form des Universums und für die besondere Lichtstärke des Firmaments; die vom Firmament reflektierten unendlichen Strahlen verdichteten sich im Mittelpunkt in die vier Elemente der irdischen Welt und bildeten die Himmelssphären und die Himmelskörper. Alle Körper hingen von numerischen Proportionen der Lichtstrahlen ab und seien durch die Gesetze der optischen Geometrie und der Mathematik zu untersuchen. Im Modell des Lichts brachte Grosseteste die biblische Kosmogonie («fiat lux») und die Struktur des Aristotelischen Kosmos in Einklang.

Dieses Modell hatte für den Bischof von Lincoln auch eine erkenntnistheoretische Valenz: Die Sensibilität folgt den Gesetzen der Lichtausbreitung, die intellektuelle Erkenntnis setzt eine Ausstrahlung der Ersten Wahrheit, Gott, auf das erkannte Ding und auf das entsprechende Ewige Urbild («ratio aeterna») voraus, wodurch die erkennende Vernunft «erleuchtet» wird. Die Deutung der Erkenntnis im Sinne von mentalem Sehen der ewigen Urbilder hing gewiss von Augustinus ab, ein inspirierendes Motiv für Grosseteste dürfte aber auch das Interesse daran gewesen sein, das Zustandekommen der wissenschaftlichen Intuition zu erklären – es handelt sich hierbei tatsächlich um eine Art ‹Erleuchtung›. Grosseteste praktizierte naturwissenschaftliche Forschung, besonders auf dem Feld der Optik, der Meteorologie, der Astronomie und der Licht- und Farbenlehre. Er wies auf die Bedeutung der Erfahrung und auf die «Macht der Geometrie» bei der Erklärung der Naturphänomene hin. Gleichzeitig betrieb er Bibelexegese und kommentierte Werke des pseudo-Dionysios.

Rund um Robert Grosseteste wuchs eine Gruppe Schüler, die im 13. Jahrhundert die intellektuelle Landschaft Englands prägte. Dieser gehörten die Lektoren im Franziskanerkloster Oxford, Adam von Marsh und Thomas von York, an, letzterer Verfasser einer wichtigen, leider noch ungedruckt vorliegenden Summe der Metaphysik (*Sapientiale*). Ein Freund des Grosseteste war der erste Theologieprofessor der Oxforder Dominikaner, Robert Bacon. Bei Grosseteste in Oxford studierte der junge Alexander von Hales, der auf dem Kontinent eine glänzende Karriere als Theologe machte. In der philosophischen Fakultät Oxford wirkte ab dem Jahr 1243 Adam von Buckfield, der zwei Dutzend Aristoteles-Kommentare unter starker Verwendung von Averroes abfasste.

Die bedeutendste Gestalt aus diesem Kreis, derjenige, der in einem gewissen Sinne die kulturelle Erbschaft Grossetestes antrat, war allerdings Roger Bacon. Wie viele andere britische Intellektuelle pendelte Bacon sein Leben lang zwischen Oxford und Paris. Er studierte in Oxford und unterrichtete zwischen 1241 und 1246 als Magister der Philosophie in Paris. In den 1250er Jahren trat er in den Franziskanerorden ein, bekam jedoch vom Orden nicht die Position als Lehrer, die er sich nach seiner früheren universitären Erfahrung hätte erwarten dürfen. Mit der Wahl seines Protektors Guy de Folques zum Papst als Klemens V. (1265) schien für ihn die Sternstunde zu schlagen. Er verfasste im Auftrag des Papstes das Projekt einer Studienreform, aber dessen plötzlicher Tod (1268) machte Rogers Hoffnungen zunichte. Er hatte 1278 Schwierigkeiten in seinem Orden, wahrscheinlich aufgrund seiner astrologischen Interessen. In seinen letzten Jahren in Oxford widmete er sich der Übersetzung und dem Kommentar der pseudo-Aristotelischen arabischen Schrift *Geheimnis der Geheimnisse*.

Die Interessen Rogers waren breit. Als Lehrer der Philosophie verfasste er grammatikalische und logische Werke und Kommentare zur Physik und Metaphysik des Aristoteles. Er war unter den ersten, die die Schriften des Stagiriten und seiner arabischen Kommentatoren benutzten, aber er scheute sich nicht vor einer radikalen Kritik der neuen Lehrpläne, die die Theologen in ihren Fakultäten entwickelten, besonders was die Benutzung von Petrus Lombardus' *Buch der Sentenzen* als Lehrbuch betraf. In den späten, für den Papst verfassten Werken *Opus maius, minus* und *tertium* argumentierte er dafür, dass die Theologie in der Deutung der Hl. Schrift bestehe, und dies erfordere eher als Vätersprüche die Kenntnis der alten Sprachen (Hebräisch, Griechisch und Latein), der Mathematik, der Optik und im Allgemeinen der Naturwissenschaften. Die Aristotelische Philosophie spielt im Wissenskonzept Rogers eine untergeordnete Rolle und wird in den Dienst einer *Praktischen Philosophie* («Moralis philosophia») gestellt, die nicht nur aus einer Tugendlehre, sondern auch aus einer Religionsphilosophie, aus einer Rethorik und aus einer astrologisch motivierten Religions- und Kultursoziologie besteht. Die Verteidigung der Priorität des Individuums gegen seine Unterordnung unter das Universal lässt an Ockham denken; ob es sich hierbei um ein empirisch orientiertes «english mind» handele, wie auch im Hinblick auf Grosseteste behauptet wurde (Southern), ist schwierig zu sagen. Auch der Fall Rogers zeigt, dass die Beziehungen zwischen insularer und kontinentaler Kultur auf eine Einbahnstraße zuliefen: Es passierte kaum, dass kontinentale Gelehrte in englische Schulen zogen, umgekehrt studierten oft Engländer auch in Paris und machten dort Karriere. Auf Alexander von Hales (1245) wurde bereits hingewiesen; zwischen 1231 und 1255 war der Franziskaner Richard Rufus von Cornwall zwischen Oxford und Paris tätig. Ein weiterer wichtiger Oxforder Theologe, der in der Pariser philosophischen Fakultät studierte, war der Dominikaner Robert Kilwardby, der zusammen mit seinem Vorgänger und Mitbruder Richard Fishacre zur Verbreitung des *Corpus Aristotelicum* in den theologischen Kreisen beitrug. Robert veröffentlichte Kommentare zu den logischen Schriften und nahm als Erzbischof von Canterbury Stellung gegen Thomas von Aquin (1277). Obwohl die Verurteilung durch seinen Nachfolger Johannes Peckham 1284 wiederholt wurde, entstand bald auch in England eine Thomistenschule: Von ihren Mitgliedern sind zu nennen Wilhelm von Hothun, Richard Knapwell, Wilhelm von Macclesfield, Robert von Orford, Thomas von Sutton und Nikolaus Trevet.

4. Peripherie des Wissens: Byzanz, Neapel, Mallorca, Köln

Ein Blick auf den Rest Europas zeigt zwar keine philosophische Werkstätte mit einer strukturellen Solidität wie Paris und Oxford, legt aber dennoch wichtige Aggregationen regionaler und überregionaler Bedeutung an den Tag. Dieses gilt an erster Stelle für die byzantinische Kulturwelt, deren Ausstrahlungspunkt, Kostantinopel, in der ersten Hälfte des Jahrhunderts unter die Herrschaft der Kreuzfahrer (1204–1261) gelangte und erst seit den 1260er Jahren mit der Wiedereroberung und der Gründung der Dynastie der Palaiologen die alten Stellung zurückerhielt. Die bedeutendste Gestalt aus der Zeit der Herrschaft der Lateiner war der Mönch Nikephoros Blemmydes, Leiter einer berühmten Schule in Ephesos, in der zusammen mit der Aristotelischen Logik und Naturphilosophie eine christlich-neuplatonische Metaphysik als Weg zur «Angleichung an Gott» gepflegt wurde. Im Konstantinopel der Palaiologen entstand die *Philosophie* des Georgios Pachymeres, eine anspruchsvolle Zusammenfassung des ganzen *Corpus Aristotelicum*, die er traditionsgemäß in einen größeren platonisierenden Rahmen (Kommentare zum *Parmenides* und zu den Briefen des Dionysios Areopagita) einordnete. Gleichzeitig öffnete sich die byzantinische Philosophie dem Einfluss der Lateiner: Maximos Planudes übersetzte Boethius, Makrobius und Teile des Augustinus.

In der ersten Hälfte des Jahrhunderts war der Hof Kaiser Friedrichs II. ein wichtiger Knotenpunkt europäischer Kultur. Zwischen Palermo und seinen anderen Residenzen in Süditalien fasste er ein auf Beobachtung basierendes Buch *Über die Kunst der Falkenjagd* ab (mit der bemerkenswerten Absicht, «die Dinge, die sind, so wie sie sind, zu zeigen»), förderte Übersetzer und Wissenschaftler wie Michael Scotus, Theodorus von Antiochien, Jehuda ben Salomon Cohen, korrespondierte mit islamischen Sufis (Ibn Sab'în) und christlichen Mathematikern (Leonardo Fibonacci) und gründete im Jahre 1224 die Universität Neapel (wo der Student Thomas von Aquin nach zwei Jahrzehnten von den Dominikanern rekrutiert wurde).

Am päpstlichen Hof bestand ab 1245 ein Studium, in dem vor allem Juristen ausgebildet wurden. Man diskutierte dort auch philosophische Fragen. Albert der Große hielt 1256–57 in Anagni Vorträge über das Schicksal und die Einheit des Intellekts. Naturwissenschaftler wie der Schlesier Witelo und Campanus von Novara und der berühmte Übersetzer Wilhelm von Moerbeke waren von Zeit zu Zeit am päpstlichen Hof in Viterbo. Zwei Päpste kamen in diesem Jahrhundert aus den Reihen der professionellen Theologen: Peter von Tarentasien (Innozenz V. 1277) und Girolamo Masci (Nikolaus IV. 1288–92);

Pedro Julião (Johannes XXI. 1276–77) hatte wahrscheinlich Medizin studiert. Päpste und Kardinäle hatten meistens eine juristische Ausbildung und waren vor allem an der Etablierung einer effizienten Kanzlei interessiert. Am Studium Curiae war der Philosophieunterricht, wie übrigens in den norditalienischen Universitäten, vor allem auf das Rechtsstudium ausgerichtet, und diese Situation förderte keine besondere Vertiefung philosophischer Texte und Fragen.

Ein lebendiges Zentrum interkultureller Beziehungen war gegen Mitte des Jahrhunderts in Spanien der Hof von Friedrichs Cousin Alfons dem Weisen, König von Kastilien. Alfons förderte die Herstellung eines raffinierten astronomischen Tabellenwerks, der *Alphonsinischen Tafeln*, und zahlreiche Übersetzungen naturwissenschaftlicher Texte. Der Mittelpunkt dieser Tätigkeit war, wie im vorigen Jahrhundert, Toledo; aber diesmal war die Zielsprache nicht mehr Latein, sondern Kastilisch.

Eine ähnliche Entwicklung fand im Katalanischen Sprachraum statt. Nicht nur in der internationalen Sprache Latein, sondern auch auf Katalanisch schrieb nämlich Raymundus Lullus sein umfangreiches philosophisch-theologisches Werk, das mehr als 250 Titel umfasst. 1232/3 in einer aristokratischen Familie aus Palma de Maiorca geboren, studierte er an der Universität Montpellier und bewegte sich in der zweiten Jahrhunderthälfte an der Grenze zwischen der christlichen und islamischen Welt. Er setzte sich die Bekehrung des Islams zum Lebensziel und entwickelte ein Missionierungsprojekt, das er durch unermüdliches Reisen nach Paris, Rom, Nordafrika und ins ganze Mittelmeergebiet verfolgte. In verschiedenen Werken (*Kunst des Beweisens, Kurze Kunst, Große Kunst, Der Baum des Wissens*) legte er eine Kunst der Kombinatorik dar, die zur Auffindung von «notwendigen Gründen» («rationes necessariae») verhelfen und der philosophischen Vernunft den rationalen Beweis der christlichen theologischen Lehrsätze liefern sollte. Diese Kombinatorik wurde durch die Drehung konzentrischer geometrischer Figuren realisiert, deren Eckpunkte mit Buchstaben assoziiert waren, die für die Grundprinzipien des Universums (die göttlichen Attribute und die Gattungen der

Natur) standen. Unser Wissen um die Begriffe der Philosophie, der Theologie und des Rechts sollte damit in konstruktiver Weise verifiziert und erweitert werden. Durch diese neue Methode wollte Raymundus den moslemischen Theologen die Denknotwendigkeit der Inkarnation und der Dreifaltigkeit Gottes beibringen. Er suchte wiederholt eine direkte Auseinandersetzung mit ihnen (1293 und 1314: Reisen nach Tunis), ein wahrer Dialog fand aber nicht statt. In den letzten Jahrzehnten seines langen Lebens befürwortete er den Kreuzzug gegen den Islam (*Buch vom Ziel*) und eröffnete eine heftige Polemik gegen die bereits durch Bischof Tempier verurteilten Pariser ‹Averroisten› (*Erklärung in der Form eines Dialogs* und andere Traktate).

Raymundus stand dem Franziskanerorden besonders nah, blieb in den Augen der akademischen Kreise ein Außenseiter, aber er übte auch dank seiner Werke in der Volkssprache einen bedeutenden Einfluss aus. Rund um ihn formierte sich eine Gruppe begeisterter Schüler, die seine Werke und seine Methode auch nach seinem Tod überlieferten. Die Lullistische Tradition, begründet in Frankreich durch Thomas Le Myésier, beeinflusste Nikolaus von Kues und andere wichtige Denker der Renaissance, an erster Stelle Giordano Bruno.

Im deutschen Sprachgebiet war Köln der Mittelpunkt des philosophischen Lebens. In der rheinischen Metropole wurde im Jahre 1248 das Studium generale der Dominikaner Deutschlands gegründet. Diese Lehranstalt diente prinzipiell zur Ausbildung von Ordenstheologen, besaß allerdings eine übernationale Dimension, weil sie dem europäischen Netz der Dominikaner-Universitäten (Bologna, Paris, Oxford, Montpellier) angehörte und Stipendiaten aus ganz Europa aufnahm. Während sich die übrigen Studia jeweils an eine bereits existierende Universität anlehnen konnten, waren die Dominikaner in Köln allein, und ihr Studium blieb die einzige Hochschule in ganz Deutschland bis zur Gründung der Universität Prag durch Karl IV. (1348). Als erster Studienleiter wurde Albertus Magnus bestellt. Albert hatte in Padua studiert und sich dort den Dominikanern angeschlossen. Nach einem Fortbildungsstudium der Theologie wurde er Lektor in verschiedenen deutschen Konventen, bis er 1243 als Dozent nach Paris entsandt wurde. Dort avancierte er 1245 zum Professor und kam 1248 nach Köln mit dem Auftrag zurück, das Studienwesen der Provinz zu organisieren. Er tat dies, indem er neue Lehrpläne erprobte und neue Lehrbücher schuf: Er hielt Vorlesungen über Dionysios und über die Ethik und die Zoologie des Aristoteles und er startete mit dem Projekt, durch eine systematische Kommentierung das ganze *Corpus Aristotelicum* «den Lateinern verständlich zu machen». Von seinem Sitz in Köln (und zeitweise Regensburg und Würzburg) aus brachte er schrittweise Auslegungen von über 30 Aristotelischen und pseudo-Aristotelischen Werken in Umlauf, die sofort in den Dominikanerkonventen verbreitet wurden und bei den Professoren der Philosophie in Paris große Resonanz fanden. Albert war von Beruf Theologe, und eine solch intensive Beschäftigung mit den Texten des Aristoteles war in seinem Fall alles andere als eine Selbstverständlichkeit. Aber er betrachtete die Tätigkeit als Arbeit von höchster Priorität. Es ging darum, den Zugang zum antiken Denken von der islamischen Exegese zu emanzipieren. Als 1259 Aristoteles für die Ordensstudenten als obligatorisch erklärt wurde (vgl. oben, S. 72), lagen die Kommentare Alberts vor, und die Lernenden waren nicht mehr auf die Bücher von Averroes oder Avicenna angewiesen.

Albert wusste, dass er heißes Material in den Händen hatte. Das *Corpus Aristotelicum* und die zugehörigen Texte islamischer und spätantiker Provenienz boten eine geschlossene, offenbarungsunabhängige Deutung der Natur und des Menschen. Er hatte auch in seinem Orden Gegner, die hervorhoben, ein Weltbild, das sämtliche Naturprozesse als Ergebnis der Ausstrahlungen ewiger beseelter Himmelsbeweger interpretierte und die Freiheit Gottes durch die «eimarmene», das kosmische Schicksal des Hermes Trismegistos, ersetzte, sei gefährlich. Albert erwiderte: «Ich kümmere mich nicht um die Wunder Gottes, wenn ich Naturwissenschaft betreibe.» Diese Formel bedeutete mehr als eine vorübergehende Suspendierung theologischer Instanzen: Albert war davon überzeugt, dass sich Philosophie und Theologie auf zwei verschiedenen Ebenen bewegen, weil sie von verschiedenen Prinzipien abhängig sind. Theologie als «Wissenschaft des Affekts» («scientia affectus») sei freilich Wissenschaft in Aristotelischem Sinne, aber sie entnehme ihre Prinzipien der Offenbarung und bewege sich in der Welt der Werte und der freien Intervention Gottes. Philosophie sei hingegen rationale Untersuchung, die nur von den Prinzipien der natürlichen Vernunft abhängig ist. Diese Art, «Naturwissenschaft zu betreiben», besiegelte das Ende des alten symbolischen Verständnisses der Natur als «Buch Gottes». Die Aristotelisch-islamische Lehre von den Astraleinflüssen war das Instrument, das sich Albert für die Konsolidierung dieses neuen Naturbegriffs zunutze machte.

Auch im Hinblick auf die aus dieser Lehre entstehende Frage nach der Freiheit des Menschen blieb Albert seiner Methode treu. Er konstruierte eine philosophische Anthropologie, indem er, anstatt zur Bibel zu greifen, den Begriff der Vernunft untersuchte (Kommentar zu Aristoteles' Schrift *Über die Seele*). Dabei, meinte Albert, sei bei der Betrachtung des menschlichen Denkens zwischen einem naturhaften und einem nicht-empirischen bzw. transzendentalen Gesichtspunkt zu unterscheiden: Der erste zeige das Denken als ein individuelles Vermögen und als eine Reihenfolge individueller Gedanken, der zweite betrachte die «Vernunft als Vernunft» («intellectus in eo quod intellectus») und zeige, dass sie eine absolute Instanz und keiner raum-zeitlichen Bestimmung unterworfen ist. Mit dieser Korrektur der Averroistischen Psychologie, die die zweite Betrachtungsweise impliziert, gedachte Albert, Platon und Aristoteles zu versöhnen, und bot eine raffinierte Antwort auf die damals vieldiskutierte Frage nach der Begründung der Universalität des Begriffs und ihrer Kompatibilität mit der Individualität der Seele als Form des Körpers. Indem er die «Vernunft als Vernunft» für eine Substanz der Seele und für ein göttliches Element im Menschen erklärte, begründete Albert ferner die Stellung des Menschen als «Bindeglied zwischen Gott und der Welt» und seine konsequente Sicht der intellektuellen Vollkommenheit.

Diese bestehe nämlich in der schrittweisen Erlangung der eigenen Vernunft («intellectus adeptus»), zu der das wissenschaftliche Studium führt. Von dem privilegierten Bezug zum Göttlichen, der die menschliche Natur charakterisiert, bot Albert über diese philosophische Begründung hinaus auch eine theologische Version, indem er die Übereinstimmung der Vernunftseele mit dem «Bild Gottes» zeigte. Bahnbrechend blieb jedoch seine rationale Analyse der Intellektualität, und diese war der Anknüpfungspunkt für die weitere anthropologische Reflexion in seiner Schule.

Alberts Kommentare hatten in Paris und an den anderen Universitäten Europas einen großen und dauerhaften Erfolg. In Deutschland, wo die Dominikaner bis Mitte des 14. Jahrhunderts die einzige Hochschule (Köln) verwalteten und de facto eine Art konkurrenzloses Bildungsmonopol ausübten, wurde Albert zum philosophischen und theologischen Bezugspunkt. Die umfangreiche theologische Summe *Über das höchste Gute,* die sein Schüler Ulrich von Straßburg abfasste, ist weitgehend von den naturwissenschaftlichen und ethischen Werken Alberts abhängig. Dasselbe gilt für den *Abriss* Erkenfrids von Erfurt und für die mehr naturwissenschaftlich orientierte *Summe über die Natur* Alberts von Orlamünde. Außerhalb dieser Einflusssphäre erscheint hingegen der erfolgreiche *Abriss der theologischen Wahrheit* des Dominikaners Hugo von Straßburg, der sich strukturell eher an Bonaventura anlehnt und aus alten patristischen Quellen schöpft. Im 14. und 15. Jahrhundert wurde Albert der Große in den mitteleuropäischen Universitäten zu einer maßgeblichen Autorität, und nach ihm nannte sich eine bedeutende philosophische Strömung («via Alberti»).

VI. Die Lateiner unter sich. Das 14. Jahrhundert

Am Anfang des 14. Jahrhunderts hatte die Gesamtheit des philosophischen, naturwissenschaftlichen und theologischen Wissens im lateinischen Europa feste Konturen. Die Zeit, in der aus der arabischen Welt immer neue Herausforderungen kamen, war beendet. Auch der Prozess der Übertragung der Texte des antiken Wissenssystems schien abgeschlossen. An allen Fakultäten der Philosophie und der Theologie Europas herrschten gleiche Programme und gleiche Lehrmethoden, alle lasen und kommentierten dieselbe Texte. Studenten und Professoren der immer zahlreicher werdenden Universitäten bildeten ein beachtliches professionelles Publikum für philosophische Diskussionen, und diese gewannen immer mehr an technischem Charakter. Nach einem Jahrhundert von großen Entwürfen, großen Auseinandersetzungen und großen Systemen setzte eine Zeit des Nachdenkens, der Detailkritik und der vertiefenden Kleinarbeit ein. Das philosophische Potential einer ganzen internationalen Elite von Universitätslehrern erschöpfte sich in scharfen logischen Analysen, in naturphilosophischen Mathematisierungsversuchen, in einer neuen politischen Philosophie. In der Theologie, wo der Papst eine feste, direkte Kontrolle ausübte, die durch die Verlegung des Apostolischen Stuhls in die weniger peripher liegende Stadt Avignon (1309) noch leichter gemacht wurde, verfestigten sich die Positionen der Orden und der Schulen in einem steten Austausch von Argumenten, Gegenargumenten, Distinktionen, Subdistinktionen, Exceptionen, Responsionen.

Die Lateiner schienen nun in einem gemeinsamen ungestörten kulturellen Raum ihre Lehrbücher in Ruhe kommentieren und diskutieren zu dürfen. Doch es war eine trügerische Ruhe. Weitere schwierige Herausforderungen zeichneten sich bereits am Horizont der gelehrten Welt ab: die Fragen nach der Legitimität der politischen Macht, die aus einer moderneren philosophiepolitischen Reflexion (Marsilius von Padua) entstanden; die wachsende Bedeutung der außeruniversitären, weitgehend volkssprachigen Hofkultur; die durch Francesco Petrarca angeregte Auseinandersetzung mit der lateinischen Klassik, welche die humanistische Bewegung einleitete. Dann kamen neue Texte, und die alten wurden mit neuen Augen wiedergelesen. Der Weg zur Renaissance und zur Reformation war geöffnet.

1. Der «Weg der Modernen»

Der bedeutendste britische Intellektuelle, der am Anfang des Jahrhunderts zwischen England und Frankreich wirkte, war Johannes Duns, ein Franziskaner aus Schottland (Scotus). Duns studierte und unterrichtete zuerst in Oxford und sodann in Paris (1303–1307); nach Köln versetzt, starb er 1308 dort, kaum vierzigjährig. Sein philosophisch-theologisches Werk umfasst verschiedene Aristoteles-Kommentare (mit zwei wichtigen Auslegungen der *Metaphysik*), Traktate, Quästionen und den Sentenzenkommentar in mehreren Fassungen, darunter einen in Oxford redigierten Text und einige Mitschriften der in Paris gehaltenen Vorlesungen.

Duns war von Beruf Theologe, hatte aber auch zur Philosophie klare Ideen. Diese biete – laut dem Prolog zur Oxforder *Ordinatio* – eine in sich geschlossene wissenschaftliche Weltdeutung, die im Namen einer durch das Wissen der Naturgesetze erlangten «natürlichen Vollkommenheit» jede darüber hinausgehende «übernatürliche Vollkommenheit» ausschließt. Der Philosoph lebe in der Welt der Notwendigkeit, ohne Gott, ohne Gnade und ohne Werte. «Aber die Theologen wissen, dass die Natur unvollkommen und die Gnade notwendig ist»: Die Theologie eröffnet dem Glaubenden die Dimension der Kontingenz, des freien Willens, der Ethik und der Eschatologie.

Nur argumentiert der Theologe aufgrund von Prämissen, die der Offenbarung entnommen werden, und daher kann er mit dem Philosophen, der programmatisch nur an der natürlichen Vernunft festhält, keinen gemeinsamen argumentativen Boden finden. Die Theologie ist Weisheit der Bibel und Analyse geoffenbarter Inhalte, sie setzt den Glauben voraus, und sie liefert dafür keine wissenschaftlichen Beweise. Diese Anerkennung des praktischen Charakters der Theologie bedeutet aber nicht, die Philosophie dürfe ihre totalitären Ansprüche unwidersprochen verwirklichen.

Duns zeigte durch subtile rationale Analysen die Grenzen der Philosophie seiner Zeit: Sie erhebe den Anspruch, der einzige Weg zum höchsten Ziel des Menschen, der Vollkommenheit, zu sein, habe jedoch von diesem Ziel eigentlich nur vages Wissen. Die Philosophie sei nicht einmal imstande, einen Beweis für die Unsterblichkeit der Seele zu erbringen: Auch in diesem Fall legt eine rationale Analyse aller traditionellen Argumente unbewiesene Voraussetzungen und innere Widersprüche an den Tag. Trotz dieser vernichtenden Kritik war der schottische Franziskaner an keiner apologetischen Ablehnung der Philosophie interessiert, sondern an ihrer Reform – einer Reform, die er mit der Metaphysik beginnen wollte. Duns lehnte die Averroistische Identifizierung der Metaphysik mit der Theologie ab und stellte sich auf die Seite Avicennas, indem er die Metaphysik als Lehre vom Sein (Ontologie) verstand. Die allgemeinsten Einteilungen der Realität (unendlich/endlich, höher/niedriger, notwendig/möglich usw.) seien alle auf einen evidenten allgemeinen und univoken Seinsbegriff zurückzuführen und aus dem Begriff «Sein» (der auch der vorzüglichste Name Gottes ist) analytisch entfaltbar. Wie ertragreich dieser neue Gesichtspunkt war, zeigte Duns in seinem Traktat *Über das erste Prinzip*, in dem er aus der Analyse des Begriffs vom im Wesentlichen (hoch und nieder) geordneten Sein die Möglichkeit eines ersten unverursachten Prinzips zeigte und daraus die Notwendigkeit folgerte, dass es auch tatsächlich existiert. In diesem Traktat, in den Anselmianische sowie Avicennianische Motive zusammenfließen, zeigt sich das Notwendig-Sein (Avicennas «per se necessarium») eines Gottes, der nach Duns nicht nur als Intellekt einen idealen Plan der Schöpfung verwirklicht, sondern als Wille und Freiheit eine kontingente Welt erschafft, die lediglich eine Möglichkeit unter unendlichen Alternativen bildet, die die unergründliche göttliche Allmacht hätte verwirklichen können.

Die Kritik der Philosophie mündete bei Duns in eine Verteidigung des Primats des Willens – ein klassisches Thema des Franziskanischen Denkens –, in die Aufwertung der Kontingenz und der Individualität. Das letztere Thema war für seine Philosophie von besonderer Bedeutung: Das Einzelding war für ihn das Objekt nicht nur sinnlicher, sondern auch intellektueller intuitiver Erkenntnis und Ergebnis einer Art Stratifikation formaler Elemente, die bis in die Bestimmung der Individualität («haecceitas») reichen. Mit der Verwerfung des alten Spruchs: «Man *denkt* das Allgemeine, das Einzelding *empfindet* man», nahm Duns Abschied vom Wissensbegriff Aristotelisch-Averroistischer Prägung und zugleich auch vom philosophischen Instrumentarium des Thomas von Aquin und seiner Schule. Er tat dies mit einer analytisch-logischen Kraft, die ihm den Namen eines «doctor subtilis» einbrachte. Las man seine nicht gerade Ciceronianisch wirkenden Texte mit Hingabe und äußerster Konzentration, so lernte man aus der Schule des logischen Denkens; wer diese Hingabe verweigerte, wie Petrarca und die italienischen Humanisten, der konnte nur haarsträubende Spitzfindigkeiten sehen und das Heranwachsen einer neuen Barbarei prognostizieren.

Einige Jahre nach Duns' Tod in Köln machte ein anderer Franziskaner, Wilhelm von Ockham, die ersten Schritte im philosophischen Unterricht. Die zweite Hälfte seines Lebens verbrachte er auf dem Kontinent, zuerst in Avignon (1323–28), sodann am Münchener Hof Ludwigs des Bayern. Aber seine Ausbildung und seine erste philosophisch-theologische Produktion waren entschieden von den Interessen und den Diskussionen geprägt, die damals die Englischen Schulen (Oxford, London) charakterisierten. Die Verbreitung von Duns' Lehre hatte zur Erhöhung des argumentativen Standards beigetragen, die Sensibilität für die formale Seite des Argumentierens war sehr hoch. Wilhelm von Ockham führte nicht nur in methodologischer Hinsicht den scharfen analytischen Ansatz seines Franziskanischen Vorgängers weiter, sondern teilte mit ihm eine Reihe wichtiger spekulativer Motive. Skotistischer Provenienz war Ockhams Grundidee, das Denken bestehe an erster Stelle in einer direkten mentalen Gegenstandserfassung («cognitio intuitiva»), und auch die Denkinhalte, die von der aktuellen Präsenz des Gegenstandes absehen («cognitio abstractiva»), seien auf die intuitive Erfassung zurückzuführen und nähmen daher an deren Gewissheit teil.

Wissenschaft blieb für Ockham, wie für Duns, das Wissen des Allgemeinen; das Allgemeine aber war für Ockham lediglich ein durch die Beobachtung von Ähnlichkeiten zwischen den Einzeldingen entstandener Begriff, der für die Einzeldinge «steht» und auf die Einzeldinge reduzierbar ist. Es ging hierbei nicht nur um eine Verteidigung des Wertes der Individualität gegenüber dem Wissenschaftsbegriff griechischer und arabischer Tradition. Ockham nahm eine Reduktion des Allgemeinen auf das Einzelne vor und tat dies anhand eines Ökonomieprinzips, das lautete: «Man darf nicht die Erklärungsgründe unnötig vermehren» («pluralitas non est ponenda sine necessitate»). Das Prinzip war bekannt, aber Ockham wandte es mit bisher unbekannter Konsequenz und Strenge an. Die Folgerungen, die er zog, waren radikal: Die Aristotelischen Kategorien reduzierte er auf Substanz (im Sinne von Individuum) und Qualität. Den Kausalzusammenhang zwischen Ursache und Verursachtem löste er in Substanzen auf, die durch wiederholtes Beobachten in Verbindung gebracht werden, und zeigte, dass die Annahme einer solcher ‹Verbindung› in der Wirklichkeit überflüssig war. Indem er annahm, die Gegenstände seien unmittelbar erfassbar, vernichtete er den komplexen Apparat der Formen («species»), den die traditionelle Lehre brauchte, um bei der Sinneswahrnehmung und bei der Begriffsbildung Subjekt und Objekt in Verbindung zu bringen. Die bunte Vielfalt der gesprochenen Idiome reduzierte er auf einen minimalen Bestand absoluter mentaler Instanzen (Begriffe), die für die entsprechenden direkt erfassten Einzeldinge stehen.

Ockhams scharfsinnige und innovative Analyse der mentalen Sprache hatte Bedeutung für alle tradierten grammatikalischen und semantischen Kategorien. Seine Methode war beeindruckend, ihr gegenüber wirkten die Werke der alten «Spekulativen Grammatik» (S. 65 f.) antiquiert und naiv. Diese empiristische Denkweise rief im akademischen Milieu Reaktionen und Zensur hervor (1323 in Oxford, 1340 Paris), verbreitete sich aber schnell in die Unversitäten. Im Spätmittelalter wurde der «Ockhamismus» zum wichtigen philosophischen «Weg» («via modernorum»). Eine ähnliche analytische Kraft zeigte Ockham in seiner Stellungnahme zugunsten einer radikalen evangelischen Armut in seinem Orden und in der ganzen Kirche, wobei er in Konflikt mit Papst Johannes XXII. geriet und 1328 zur Flucht aus Avignon gezwungen wurde. Er stellte sich unter den Schutz Ludwigs des Bayern und wurde durch erfolgreiche Schriften (*Werk der 90 Tage, Dialog, Acht Fragen*) zur treibenden Kraft der Verteidigung der Autonomie von politischer Macht und Papsttum. Radikale Positionen vertrat Ockham auch in der Theologie. Er lehnte die Möglichkeit einer Theologie als Wissenschaft ab und verstand sie grundsätzlich als Kenntnis der Hl. Schrift und daher nur für die Gläubigen als demonstrativ verbindlich. Er lieferte raffinierte Analysen der formalen Struktur moralischer Akte. In theoretischer Hinsicht arbeitete er anhand der Leitprinzipien von absoluter Einfachheit und der Allmacht Gottes, was als Folge die Kontingenz der Welt und der Naturgesetze hatte. Der Einklang mit der alten voluntaristischen Tradition ebnete der Ockham'schen Lehre beim breiten Theologenpublikum den Weg.

Tatsächlich wäre die ganze philosophische und theologische Debatte im 14. Jahrhundert in England ohne Ockham kaum zu denken, sei es im Positiven, sei es im Negativen. Walter Burley vertrat in Oxford gegen ihn eine realistische Position. Im Kreis der Intellektuellen, die sich am Hof Edwards III. von England rund um den bibliophilen Bischof Richard von Bury bewegten, folgten Ockhams Voluntarismus kirchliche Würdenträger wie Richard Fitzralph und Thomas Bradwardine (*Für Gott gegen Pelagius*). Bradwardine war auch Mitglied einer Gruppe von Professoren im Oxforder Merton College (William Heytesbury, Richard Kilvington, John Dumbleton, Richard Swineshead), die versuchten, die Proportionen zu kalkulieren und quantitative

Elemente in die physikalische Wissenschaft (besonders die Kinematik) einzuführen. Stark beeinflusst von Ockham war Richard Campsall; mit ihm setzten sich auch mehr eigenständige Denker wie Adam Wodham auseinander, und die Dominikaner Wilhelm Crathorn und Robert Holkot führten seinen Ansatz mit Konsequenz weiter.

Die traditionelle realistische Lehre vertrat in seinen scholastischen Werken der Oxforder Meister Johannes Wycliffe. In der Tradition von Thomas Bradwardine und Richard Fitzralph fuhr er mit der antipelagianischen Polemik fort und vertrat die alte Augustinische Lehre von der doppelten Prädestination. Seine Reflexion über den Zustand der Kirche und ihr Verhältnis zum Staat (*Von der Kirche, Von der bürgerlichen Herrschaft, Vom Amt des Königs*) zeigte starke antipapalistische Züge. Mit seiner Ablehnung der Transubstantiationslehre, der Reliquienverehrung und der Aufforderung zu einer direkten Interpretation der Bibel – er gab auch eine Sammlung von englischen Bibelübersetzungen aus der Vulgata heraus – initiierte er eine Reformbewegung, die bis in breite Bevölkerungsschichten (sog. ‹Lollardenbewegung›) Zustimmung fand.

2. Der «philosophische Duft» von Paris

«Philosophici nectaris suavissima fragrantia» (Johannes von Jandun) atmete man in der Rue du Fuarre, der Adresse der philosophischen Fakultät der Universität Paris. Die Jungen, die diesem Duft folgten, kamen in die Hauptstadt des französischen Königreiches noch scharenweise aus ganz Europa. Aber die Ideen, die Fragen und die Methoden, die sie dort fanden, standen immer mehr unter den Einfluss von Denkern, die in den Schulen Englands ihre Ausbildung bekommen hatten.

Die wichtigste Gestalt in der Fakultät der Philosophen war im ersten Viertel des Jahrhunderts Johannes von Jandun. Mit ihm kam die Partei derjenigen, die die Kommentare des Averroes für ein unersetzliches Interpretationsinstrument des Aristoteles betrachteten und die 1277 zum Schweigen gebracht worden waren (vgl. S. 68), erneut kräftig zu Wort. Sich stark auf

Averroes stützend und stets bemüht, die Meinung des Aristoteles ohne Rücksicht auf Probleme theologischer Art darzulegen, fasste Johannes zahlreiche Auslegungen in Form von Quästionen ab, unter ihnen die besonders wichtigen *Fragen zu Aristoteles' Metaphysik* und die *Fragen zu Aristoteles' Buch über die Seele*. Durch beide Schriften übte er einen großen und dauerhaften Einfluss auf die Universitäten Norditaliens und Mitteleuropas aus. Eng befreundet mit Johannes war Marsilius von Padua, Lehrer und Rektor der Pariser philosophischen Fakultät, der 1324 eine bahnbrechende philosophiepolitische Schrift, *Verteidiger des Friedens*, veröffentlichte. In diesem Werk analysierte Marsilius systematisch die Strukturen der politischen Gewalt, nämlich den Gesetzgeber, das Gesetz, die Regierung, und ihre wechselseitigen Beziehungen. Den Gesetzgeber identifizierte er mit der Gesamtheit der Bürger, die sich durch die Regierung ausdrückt. Das positive Gesetz leite seine Verbindlichkeit aus dem Willen der Bürger ab und diene dazu, ein friedliches Leben zu gewährleisten. Die zivile Gewalt untersteht daher nicht der kirchlichen Autorität, vielmehr ist auch die Kirche in Analogie zur zivilen Gesellschaft als die Gesamtheit der Gläubigen zu verstehen, aus der der Klerus seine Legitimation bezieht. Marsilius wurde scharf angegriffen und suchte Schutz am Hof Ludwigs des Bayern zusammen mit Johannes von Jandun, der als Mitverantwortlicher für den *Verteidiger* betrachtet wurde.

Ein anderer Professor, der wie diese beiden seine ganze Karriere an der philosophischen Fakultät machte, war Johannes Buridan. Er war in der Logik besonders versiert (sein *Abriss der Dialektik* wurde im Spätmittelalter zum Handbuch des Faches) und arbeitete oft in seinen Kommentaren und Quästionen zum Aristotelischen Werk anhand eines sprachanalytischen Ansatzes ganz in der Nachfolge der zeitgenössichen britischen Tradition. Buridan vertrat eine singularistische Ontologie, und seine metalinguistische Analyse, die auf die Termini der wissenschaftlichen Sätze konzentriert war, hatte großen Erfolg in den Universitäten Mitteleuropas bis ins 16. Jahrhundert. Seinem ‹Terminismus› waren unter anderen der Begründer der Universität Wien (1365), Albert von Sachsen, und Marsilius von Inghen, Gründungsrektor der Universität Heidelberg (1385), verpflichtet. Eine große Neuheit bildete seine Lehre der ‹Wirkkraft› («impetus»), welche er im Rahmen der Behandlung der Aristotelischen Kräftelehre entwickelte, um die Bewegung der Projektile besser zu erklären. Im Gegensatz zur Idee des Aristoteles, die Projektile würden durch die Kraft der Luft weitergetrieben, stellte Buridan die Hypothese auf, der Beweger übertrage dem Projektil eine Kraft, deren Stärke im Verhältnis zur Geschwindigkeit und der Masse steht. Zu einer mathematischen Kalkulation dieser Größe kam er allerdings nicht. Die Physik blieb auch für die besten Ausleger des Aristoteles eine qualitative Wissenschaft, und auch die kinematischen Kalkulationen der Merton College-Gruppe (oben, S. 93 f.) konnten dieser Orientierung nicht entgegentreten. Den Versuch einer geometrischen Darstellung quantitativer Änderungen, etwa die Änderung der Geschwindigkeit in der Zeit oder die Intensivierung der Qualitäten, machte Nikolaus Oresme, Magister an der philosophischen und sodann an der theologischen Fakultät, und seit 1364 bis zum Lebensende (1382) freier Philosoph am Hof Karls V., des Königs von Frankreich. Durch seine volkssprachlichen Übersetzungen der Aristotelischen *Ethik, Politik, Ökonomik* und Astronomie (*Livre du ciel et monde*) gab er einen fundamentalen Impuls zur Gestaltung des philosophischen Wortschatzes der französischen Sprache. In seinen zahlreichen lateinischen, meistens naturwissenschaftlichen Schriften, vertrat Oresme oft Positionen, die von der Aristotelischen Vulgata Abstand nahmen, wie in der Annahme eines unendlich leeren Raums außerhalb des geschaffenen Kosmos, der Austauschbarkeit des geozentrischen mit einem heliozentrischen Modell, des Verständnisses der Zeit als Dauer des Dings. Seine breiten Interessen, die sich bis in die theoretische Musik, in die Astrologie und in die Theorie des Geldwesens erstreckten, kündigten einen neuen Typ von Gelehrten an, der sich eher an ein breiteres Publikum als an den engeren Kreis der Universitätsspezialisten wandte. Eine Gestalt mit ähnlichen Charakteristika (wenn auch kleineren Formats) war in Deutschland Konrad von Megenberg; in den italienischen Städten und Höfen waren solche Intellektuelle häufig anzutreffen.

Auch in der theologischen Fakultät in Paris verbreiteten sich die neuen Ideen. Kontingenz der Welt und der Naturordnung, Verteidigung der unendlichen Macht und Freiheit Gottes, Intuition als Quelle der Gewissheit, Singularität des extramentalen Seins, Sprachanalyse als bevorzugtes Mittel für die Lösung wissenschaftlicher Fragen – diese Grundtendenzen wurden in verschiedenen Variationen durchgespielt. Auf dem Franziskanischen Lehrstuhl führten Professoren wie Wilhelm von Alnwick, Hugo von Newcastle und Franz von Meyronnes das Erbe des Johannes Duns Scotus weiter. Den Minoriten gehörte auch Petrus Aureoli an, der jedoch die Skotistische Idee einer direkten intellektuellen Erkenntnis der Einzeldinge bestritt und eine abstrahierende begriffliche Erkenntnis annahm, bei der die kognitiven Kräfte des Subjekts die Einzeldinge in der Form einer auch in Abwesenheit der Objekte verstehbaren Erscheinung («esse apparens») strukturieren. Aber der bedeutendste Vermittler der Theologie Oxforder Provenienz in Paris war der Augustiner Gregor von Rimini. Charakteristisch für Gregors Theologie war der propositionale Ansatz, den er mit den Engländern teilte: Aber im Unterschied zu Wilhelm von Ockham, nach dem das, was in dem theologischen Satz gewusst wird, nichts anderes als der Satz selbst ist, oder zu Walther Chatton (gewusst wird das durch den Satz unmittelbar Bezeichnete), vertrat er die Idee, dass die theologischen Sätze auf einen extramental existierenden Zusammenhang Bezug nähmen, der nur durch eine zusammengesetzte Rede bezeichenbar sei (sog. «complexe significabile»). Die Idee fand große Resonanz. Damit verbreitete sich auch in der Theologie – was in der naturwissenschaftlichen Betrachtung schon weitgehend der Fall war – die Neigung, inhaltliche Fragestellungen durch eine formal sprachphilosophische Analyse der entsprechenden Sätze zu ersetzen.

Eher traditionell an der Theologie des Thomas von Aquin orientiert waren hingegen die Dominikaner, die in den ersten Dezennien des Jahrhunderts unter der Führung von Herveus Natalis eine einheitliche Ordenstheologie durchsetzen konnten (vgl. oben, S. 76), wie etwa die Diskussionen um die Lehre des Durandus von St. Pourçain zeigen: Lange Irrtumslisten aus seinem Sentenzenkommentar wurden hergestellt; er wurde gezwungen, sämtliche von der Lehre des Thomas abweichenden Thesen (Relation, wirkende Vernunft, Individuation) zurückzunehmen. Auch der Lektor Jakob von Metz wurde zum Schweigen gebracht. Durch diese Aktionen konsolidierte sich eine «via Thomae», die in den folgenden Jahrhunderten europäische Dimensionen annahm (Johannes Capreolus, Heinrich von Gorkum, Peter Nigri, Thomas de Vio Caietani).

Eine in Paris isolierte, aber dennoch philosophisch bedeutende Gestalt war Nikolaus von Autrecourt, Magister in der philosophischen Fakultät und Student der Theologie, der sich 1340 am päpstlichen Hof in Avignon verteidigen musste, weil er in einem Traktat (*Exigit ordo*) häresieverdächtige Thesen aufgeführt hatte. Von dieser Schrift sind nur Bruchstücke erhalten geblieben. Nikolaus ging von der Überzeugung aus, bei Konditionalsätzen sei die Schlussfolgerung nur gewiss, wenn die Konsequenz mit der Bedingung identisch ist, und daher setzte er Schlussfolgerungen wie die der Wirkung aus der Ursache oder der Substanz aus den Akzidentien als nur wahrscheinlich herab. Im Jahre 1346 wurde Nikolaus verurteilt und zum Widerruf gezwungen.

3. «Göttliche Menschen» in Deutschland

Was die Universitäten betrifft, so war Deutschland am Anfang des 14. Jahrhunderts eine noch unterentwickelte Region. Die einzige Hochschule, die dort bestand, war die 1248 durch Albert den Großen gegründete Dominikaneruniversität in Köln. Exakt ein Jahrhundert später (1348) kam am Rand des Reichs die Gründung von Prag zustande, später folgten Wien (1365), Erfurt (1379), Heidelberg (1385) und Köln (1388). Solche Universitäten entstanden aus früheren Schulaggregationen von einer gewissen Bedeutung, wie in Erfurt, wo der Philosophielehrer Thomas von Erfurt am Anfang des Jahrhunderts mit seinem *Traktat über die Bedeutungsmodi* die alte modistische Lehre zur Synthese brachte, oder Wien, wo Konrad von Megenberg um 1350 ein enzyklopädisches Werk auf Deutsch, das *Buch von den natürlichen Dingen*, im Geiste des Albertus Magnus verfasste. Es gab auch Schulen der Orden, welche in einigen Fällen Professoren der Theologie hervorbrachten, wie der in Köln gleichzeitig zu Eckhart nachgewiesene Karmelit Sibert von Beek, oder wie die Augustiner Heinrich von Friemar, Thomas von Straßburg und Johannes Hiltalingen. Hervorstechend im philosophischen Panorama Deutschlands aber sind vor allem die um das Kölner Studium kreisenden Dominikaner. In Köln unterrichtete im ersten Jahrzehnt des 14. Jahrhunderts Johannes Picardi von Lichtenberg, 1310 in Paris promoviert und Leitgestalt der zahlreichen streng Thomistisch orientierten Brüder. Eher an der Tradition Alberts des Großen orientiert waren zwei fast gleichaltrige und hochangesehene Professoren, Dietrich von Freiberg und Eckhart von Hochheim. Der erste bestieg den Lehrstuhl in Paris 1296/97, der zweite folgte ihm in den Jahren 1302/03 und 1311/13. Beide hinterließen in Paris fast keine Spur, fanden hingegen im deutschen Sprachraum ein beachtliches Echo und standen mit ihren Lehren im Zentrum einer breiten Diskussion, die im Falle Eckharts bis zu seiner Verurteilung führte.

Unter den beiden war Eckhart von Hochheim derjenige, der mit der größten Entschiedenheit versuchte, seine Ideen einem breiteren Publikum zugänglich zu machen. Seine Schriften auf Latein (größtenteils *Bibelkommentare*), die er pflichtgemäß als Akademiker publizierte, erläuterte er seit Beginn seiner Karriere mit anspruchsvollen Texten in der Volkssprache wie den *Erfurter Reden* und einer immer größer werdenden Reihe für die Veröffentlichung redigierter *Predigten*. Diesen folgte um 1315 das *Buch der göttlichen Tröstung*, ein Meisterwerk der Philosophie auf Deutsch. Die Tröstung, die Eckhart bot, sollte aus einer radikalen Umkehr unseres Wirklichkeitsbegriffs hervorgehen. Dies zeigte er am Beispiel des Verhältnisses von Gerechten und Gerechtigkeit, das gewöhnlich als das Inhärenzverhältnis einer Qualität (Gerechtigkeit) zur Substanz (der gerechte Mensch) gedeutet wird, aber in Wirklichkeit nur als Verhältnis eines Begründeten zu dessen Grund (der Gerechte ist, existiert in der Gerechtigkeit) oder eines Bildes zu dessen Urbild adäquat verstanden werden kann. Das Aristotelische Kategoriendenken erweist sich nach Eckhart bei der Erklärung der göttlichen Vollkommenheiten als defizitär. Ist jemand gerecht, so ist er *die* Gerechtigkeit selbst – freilich: insofern, als er gerecht ist. Auf die Bedeutung der letzten Klausel insistiert Eckhart, als er sich gegen den Vorwurf des Pantheismus verteidigt: denn der gerechte Mensch ist nicht nur ein Gerechter, sondern auch ein (zeitlich und räumlich bestimmter) Mensch; und doch ist er, als Inhaber der Vollkommenheit, die Vollkommenheit selbst, «nichts mehr, nichts weniger».

Was Eckhart aus der philosophischen Analyse der moralischen Fakten (Gerechtigkeit, Gutheit) folgert, gilt seinem Ermessen nach für alle allgemeinen Bestimmungen: Sein, Wahrheit, Einheit usf. Unter dieser Perspektive erscheint die ontische Konsistenz jedes Dinges von seinem Verhältnis zur Vollkommenheit bestimmt. Insofern, als es eine Vollkommenheit aufweist, weist es auf Gott zurück; wird es hingegen als autarke Substanz betrachtet, erweist es sich – von Gott getrennt – als reines Nichts. Die vermeintliche, vom ‹gesunden Menschenverstand› suggerierte Autarkie der zeitlich und räumlich bestimmten Einzelsubstanzen («dies und das») ist eine Scheinwirklichkeit, die selbsttäuschende Illusion einer gottlosen Welt. Auch der Mensch schwebt zwischen dem wahren Sein Gottes und dem Nichts der kreatürlichen Zeit- und Raumbestimmung. Als denkendes Subjekt (Vernunft, «intellectus») kann er sich jedoch der relationalen Abhängigkeit, die ihn mit Gott verbindet, und der seinsstiftenden Präsenz Gottes im Intellekt bewusst werden: Dieses Bewusst-Werden ist Einung mit Gott. Die daraus sich ergebende Rückorientierung zu Gott und zum wahren Wesen war nach Eckhart Grund für Gelassenheit und «göttliche Tröstung» für den «göttlichen Menschen» und wurde zum Thema seiner ganzen biblischen Hermeneutik, unzähliger Predigten, lateinischer Universitätsquästionen und deutscher Traktate. Man hat die «Einung», von der Eckhart sprach, in die Tradition der christlichen Mystik einordnen wollen, jedoch zog Eckhart selbst es vor, für sein Projekt ein stoisches Theorem («Seelenfünklein») und die Autorität des Moses Maimonides in Anspruch zu nehmen.

Er schrieb im *Johanneskommentar* programmatisch, er wolle «die Wahrheit der Schrift anhand der natürlichen philosophischen Vernunftgründe darlegen», und betonte, seine Lehre richte sich «an jeden vernünftigen Menschen». Indem er den natürlichen Intellekt als Wesen des Menschen und ‹Ort› der Einung in den Mittelpunkt seiner Reflexion stellte, korrigierte Eckhart den stark elitären Charakter der Maimon'schen Religionsphilosophie: Denn die Adressaten seines Reformprojektes waren keine ausgesuchte Zirkel von Kollegen, Eingeweihten oder Begnadeten, sondern Latein- und Deutschlesende und selbst Analphabeten, die nur mündlichen Ansprachen zuhörten.

Die Spekulation über die Vernunft war auch für Dietrich von Freiberg ein zentrales Thema. Dieser führte als Mitbruder Eckharts ebenfalls in Deutschland die Tradition Alberts weiter. Im Unterschied zu Eckhart widmete Dietrich einen erheblichen Teil seiner Publikationen rein naturwissenschaftlichen Themen. Im *Traktat über den Regenbogen* lieferte er die erste optisch-geometrische Erklärung der Farben des Haupt- und des Nebenbogens, indem er die verschiedenen Brechungen und Spiegelungen der Sonnenstrahlen innerhalb der Tröpfchen des Bogens in eine kohärente Theorie zusammenbrachte. Im Traktat *Über den Ursprung der Begriffe der Naturdinge* nahm Dietrich eine Reduktion der Eigenschaften der Naturdinge auf Qualität und Quantität vor und schrieb dem wissenschaftlichen Intellekt eine spontane und konstitutive Funktion im Hinblick auf die restlichen Akzidentien und selbst auf das Wesen des Dinges zu. Damit sei die erfahrbare Wirklichkeit in ihrer ganzen Intelligibilität auf die Tätigkeit des Intellekts zurückzuführen, der das ganze Begriffssystem der Wissenschaft hervorbringt und objektiviert. Die Reflexion über die Vernunft als solche entwickelte Dietrich unter dem theologischen Stichwort «Gottesebenbild», und zwar in der Überzeugung von der Identität des «Bildes Gottes in der Seele» mit der «wirkenden Vernunft» des Aristoteles, mit der «Verborgenheit des Gemütes» Augustins und mit der «Vernunfthypostase» des Proklos. Nach Dietrich stimmten die drei Autoren und der Genesisbericht darin überein, dass die menschliche Vernunft kein Vermögen der Seele, sondern eine vollkommene, rein intellektuelle Substanz ist, die, aus Gott herausgeflossen, sich selbst durch ein tätiges Zurückschauen auf sein Prinzip konstituiert. Mit Eckhart teilte Dietrich die Idee, dass Gott Vernunft sei. Die Wege beider gingen insofern auseinander, als Eckhart in der Passivität (Ledig-sein) der menschlichen Vernunft die Bedingung für die «Gottesgeburt» sah, während Dietrich auf der Anerkennung immerwährender Tätigkeit der Vernunft bestand und die Überwindung der Entfremdung des Menschen von seinem Wesensprinzip auf die glückselige Gottesschau des künftigen Lebens verschob. Beiden gemeinsam war die Idee einer philosophischen Fundierung der Würde des Menschen, die sie in einem natürlichen und dennoch göttlichen Prinzip (der Vernunft) verankerten.

Das philosophische Projekt Dietrichs und Eckharts fand in Deutschland eine beachtliche Verbreitung. Das Bewusst-Werden des «Adels, der in der Seele verborgen liegt», war das Leitmotiv der erfolgreichen Predigttätigkeit von Johannes Tauler. Eckharts Schüler Heinrich Seuse verteidigte im *Buch der Wahrheit* und im *Stundenbuch der Weisheit* die Orthodoxie und die Lehre seines Meisters. Der Kölner Lesemeister Berthold von Moosburg folgte dem Weg Dietrichs und vertiefte seine Vernunftphilosophie innerhalb des systematischen Rahmens eines ausführlichen *Kommentars zu den Elementen der Theologie* des Proklos. Berthold war von der Vorzüglichkeit der Platonischen «göttlichen Philosophie» («divinissima philosophia») überzeugt; er erkannte die Nähe des Proklos zu Dionysios Areopagita und sah in dem henologischen Ansatz der Proklischen *Opuscula* den Schlüssel zur Überwindung des Aristotelismus. Proklos zeige, dass die «wirkende Vernunft» ein vorreflexives, wesensbegründendes Prinzip voraussetze: das «Eine der Seele» («unum animae»). Im Denken des Einen wird der Denkende zum «göttlichen Menschen» («homo divinus») – dieses Theorem prägte nach Berthold die Reflexion der ersten vorplatonischen Philosophen, deren Erbe Platon übernommen hatte, und es gelte nun, auf diese in Vergessenheit geratene Tradition zurückzugreifen. Berthold projizierte das Reformprojekt Eckharts zurück in ein mythisches «goldenes Zeitalter» der antiken Philosophie.

4. Griechische, arabische und hebräische Diskussionen

In Byzanz war der adlige Mönch Gregorios Palamas die bedeutendste Gestalt des ganzen Jahrhunderts. Er hatte die hellenistische Philosophie studiert und vertrat mit Strenge und Konsequenz die Anwendung der Aristotelischen Logik zu allen Fragen der Theologie. Diese Position, die auf den ersten Blick auf einen Einfluss der lateinischen Scholastik schließen ließe, hatte ihren Ursprung in der eigenen Tradition der östlichen Schulen und war nur scheinbar eine ‹rationalistische›: denn die logische Betrachtung der Theologie bildete für Palamas nur die Vorstufe eines höheren Weges, der zur mystischen Erfahrung Gottes führen sollte. Palamas dachte an Beispiele, die ihm sehr nahe standen, nämlich an die Adepten der damals in der östlichen Kirche weit verbreiteten und hoch angesehenen sog. hesychastischen Bewegung. Die Hesychasten knüpften an das Ideal der kontemplativen «hesychía» («Ruhe, Gelassenheit, Einsamkeit») der alten anachoretischen Tradition der Wüstenväter an; das ständige stille Gebet charakterisierte ihr Leben, zusammen mit der Hoffnung, das göttliche Licht, so wie es sich auf dem Berg Tabor offenbart hatte, wahrzunehmen. Der Ausstrahlungspunkt der hesychastischen Spiritualität war der heilige Berg Athos. Dort saß lange Zeit auch Palamas, der sich zum Sprecher und Theoretiker der Bewegung machte. Die Hesychasten waren in theologischer Hinsicht sehr konservativ und verwarfen jeden dogmatischen Kompromiss mit der römischen Kirche, die ihrerseits deren Praktiken mit sehr mäßiger Bewunderung betrachtete. Palamas deutete den für die hesychastische Mystik zentralen Begriff «Tabor-Licht» als eine wahre, gnadenhafte Einung mit der Wesensenergie Gottes. Dabei würde das innere Auge endlich Gott sehen, man solle es jedoch durch körperliche Übung und durch intellektuelle Reflexion schärfen, wobei der Logik eine unersetzliche Funktion als Gewissheitsquelle in den theologischen Kontroversen zukomme.

Nicht alle in der byzantinischen Kirche waren mit diesen Ideen einverstanden. Einige, wie der Neuplatoniker Nikephoros Gregoras, wehrten sich prinzipiell gegen die Benutzung der Syllogistik in theologischen Diskussionen. Unverständnis drückte auch Barlaam von Seminara aus, ein orthodoxer Mönch, der in einem Basilianischen Kloster Kalabriens ausgebildet worden war und aufgrund seiner Gelehrsamkeit Ansehen am Hof von Konstantinopel erlangt hatte. Barlaam war auch im westlichen Denken bewandert und stark an der negativen Theologie des Dionysios Areopagita orientiert. Er vertrat daher in Sachen Aristotelischer Logik eine eher relativistische Position und maß logischen Argumenten in der Theologie nur eine sekundäre Bedeutung bei. In seinen Augen war der ganze demonstrative Apparat, den die Theologen zur Untermauerung der jeweiligen dogmatischen Interpretationen ins Feld führten und der in Bezug auf den Hervorgang des Heiligen Geistes die Spaltung der Kirche zementiert hatte, nur ein Haufen dialektischer und sich neutralisierender Argumente. Unverständnis äußerte Barlaam auch in Bezug auf die performativen Aspekte der hesychastischen Spiritualität, im besonderen über den Brauch, das ständige Gebet konzentriert den eigenen Nabel beschauend zu üben. Was das Tabor-Licht betraf, so betrachtete Barlaam die Idee, man könne Gott wirklich «sehen», als reinen Aberglauben. Er machte keinen Hehl aus seinen Meinungen, Palamas erwiderte mit einer brutalen Polemik, die 1341 mit einer öffentlichen konziliaren Verurteilung Barlaams besiegelt wurde. Der besiegte Mönch nutzte seine vorzüglichen Kontakte mit der lateinischen Welt, um nach Avignon zur päpstlichen Kurie überzusiedeln, wo er unter anderen auch mit Francesco Petrarca freundschaftliche Kontakte unterhielt.

Mit Gregorios Palamas und Barlaam von Seminara prallten zwei Welten aufeinander. Der erste wurde nach seinem Tod (1359) heiliggesprochen und blieb in den folgenden Jahrhunderten eine maßgebende Gestalt der byzantinischen Theologie. Doch auch das Interesse für den Westen wuchs in Byzanz, und dank lateinisch-griechischer Übersetzungen begann eine Zeit produktiver Auseinandersetzung mit scholastischen Texten. Besonders verdient in dieser Hinsicht machte sich Demetrios Kydones, der mit seiner Übertragung der *Summe gegen die Heiden*, der *Summe der Theologie* und anderer Traktate des Thomas von Aquin die Voraussetzung für die spätere Verbreitung des Thomismus in der östlichen Welt schuf. Er und sein Bruder Prochoros lehnten den Palamitismus ab und vertraten der lateinischen Welt gegenüber eine gelehrte, offene kosmopolitische Haltung, welche Kontakte und Zusammenarbeit mit den italienischen Humanisten ermöglichte. Sie betrachteten das alte Griechenland als gemeinsame geistige Heimat. Ihre Schule lieferte einen wesentlichen Beitrag zur Philosophie der italienischen Renaissance.

Die Philosophie in Byzanz entwickelte sich im 14. Jahrhundert im Spannungsfeld zwischen isolationistischen Tendenzen und den Bestrebungen nach einer behutsamen Öffnung zum Westen. Ein Blick auf die islamische Welt zeigt hingegen den entgegengesetzten Zustand einer permanenten Abschottung. In Spanien geriet die Tradition der hellenisierenden «falsafa» nach dem Tod des Averroes in immer größere Schwierigkeiten (S. 50–51), die Übersetzungstätigkeit und die wissenschaftlichen Kontakte zwischen Arabern und Lateinern wurden bald eingestellt. Über das, was sich im östlichen Teil der islamischen Welt ereignete, hatten die Lateiner keine Informationen. Dies ist vielleicht der Grund für die bis heute verbreitete Vorstellung, mit Averroes habe die arabische Philosophie ihren Lebenszyklus abgeschlossen, und nachher habe es im Islam nur Theologie und ein feindliches Klima gegenüber Wissen und Wissenschaft gegeben. Wahr ist, dass in den morgenländischen Regionen eine stark durch Avicenna beeinflusste sapientiale Philosophie entwickelt wurde und dass die dort produzierten Texte unübersetzt und daher außerhalb des Gesichtskreises des Okzidents blieben. Es handelte sich eher um «hikma» («Weisheit») als um «falsafa», aber die Träger dieser «Weisheit» waren oft Naturwissenschaftler, Ärzte und Berater der politischen Machthaber. Ein besonders intensiv gepflegtes Fach unter den philosophischen Disziplinen war die Logik. Metaphysische und kosmologische Positionen diskutierte man im 13. und 14. Jahrhundert meistens im Rahmen einer Auseinandersetzung mit den Texten des hochgeschätzten Avicenna und (in wenigen Fällen) mit dem Denken Suhrawardîs. Die arabische Philosophie war zur Zeit des Thomas von Aquin und Wilhelms von Ockham zwischen Tunesien, Syrien und Persien alles andere als tot.

Es war ein besonderes, in der lateinischen Welt unübersetzt gebliebenes Werk Avicennas, das *Buch der Ratschläge und Erinnerungen*, das im Mittelpunkt der Auseinandersetzungen stand: Dazu schrieb Fakr al-Dîn al-Râzî an der Wende des 13. Jahrhunderts einen an vielen Stellen kritischen Kommentar, die Verteidigung Avicennas übernahmen in den folgenden Jahrzehnten Sayf al-Dîn al-Âmidî und der große Naturwissenschaftler Nasîr al-Dîn al-Tûsî. Einen eigenen Weg ging der in al-Andalus aufgewachsene Ibn 'Arabî, der von der mystischen und asketischen Strömung des Sufismus beeinflusst wurde und nach Syrien übersiedelte, wo er 1247 starb. Ibn 'Arabî vertrat die Lehre von der Unerkennbarkeit des göttlichen Wesens und verstand die Welterschaffung und die Erhaltung des Kosmos als dynamische Momente, in denen Gott seine Potenz und seine «Namen» entfaltet. Dem Menschen sei möglich, sich von dem Strom der göttlichen Dynamik absorbieren zu lassen und eine mystische Einheit mit dem Kosmos zu erreichen.

Bekannte Stellungnahmen wurden bekräftigt, Kompromisslösungen wurden versucht: Ibn Taymiyya wiederholte die Kritik am Gebrauch der Logik in der Theologie, und Qutb al-Dîn al-Shîrâzî schlug eine Versöhnung der beiden dominierenden Orientierungen von Avicenna und Suhrawardî vor. Eine ganz originelle Gestalt trat in der zweiten Hälfte des 14. Jahrhundert auf die Bühne des Islams: Ibn Khaldûn. Er lebte als politischer Berater und Lehrer zwischen Tunesien, Granada und Kairo und verfasste eine Universalgeschichte, in deren erstem Teil (*Einleitung*) er von einem soziologischen Gesichtspunkt aus die Gesetze von dem zyklischen Aufstieg und Fall der Gesellschaften untersuchte. Er erkannte im starken «Sippenzugehörigkeitsgefühl» den Grund für den historischen Dynamismus, der die ländlich-nomadischen Gesellschaften chakterisiert, aber er diagnostizierte auch die Unvermeidbarkeit einer progressiven Abschwächung der Sippenidentität aufgrund der fortschreitenden Komplexität der städtischen Gesellschaft, was zu sozialen Konflikten und zu den sich wiederholenden historischen Krisen führe. Das große

Werk Ibn Khaldûns bewegt sich, was Tiefe der Analyse und historiographischen Scharfsinn betrifft, auf der Ebene der Historiographie des lateinischen Quattrocento.

Die Auseinandersetzungen in Byzanz zeigen, dass philosophische und theologische Diskussionen auch außerhalb der Universitäten stattfanden. Dies war auch der Fall in der lateinischen Kulturwelt, die eine fortschreitende Regionalisierung und eine Zersplitterung durch diverse Idiome und lokale Instanzen (Städte, Höfe, Akademien) erfuhr. Dieses Phänomen ist an erster Stelle auf der italienischen Halbinsel zu beobachten, wie wir bald sehen werden. Erwähnung verdient auch eine bedeutende lokale philosophische Tradition, die die Juden in der Provence etablierten, als die zunehmenden Schwierigkeiten der spanischen Gemeinden sie zur Auswanderung zwangen. Der päpstliche Hof von Avignon zog die gelehrten Juden an. Viele standen unter dem Einfluss der Lehre des Averroes, wie der Philosoph Isaak Albalag, der in seinen Schriften einen konsequenten Rationalismus vertrat, Abstand von der theosophischen Tradition der Kabbala, vom Wunderglauben und von der populären Religiosität nahm, und die Philosophie als Suche nach der Wahrheit als die höchste Form der menschlichen Vollkommenheit betrachtete. Diese Haltung teilte der Averroes-Ausleger Moses Narboni, gelehrter Arzt aus Perpignan. Das interessanteste Werk, das diese regionale Tradition hervorbrachte, waren die sechs Bücher über *Die Kriege des Herren*, die Levi ben Gershon im selben Jahre abschloss (1329), in dem Eckhart in Avignon verurteilt wurde. Das Buch war Levis Waffe, um einen philosophischen Krieg gegen den Irrtum zu führen, und zwar in Bezug auf folgende Hauptthemen: Unsterblichkeit der Seele und Natur des Intellekts, Prophetie, göttliche Erkenntnis der Einzeldinge, Vorsehung, Astronomie, Erschaffung und Ewigkeit der Welt. Gershons Methode war streng rationalistisch und setzte ausdrücklich die vollkommene Identität zwischen den Ergebnissen der philosophischen Untersuchung und der Wahrheit der Schrift voraus, die im Falle von anscheinendem Konflikt eine entsprechende allegorische Interpretation erforderlich macht. Gershon befasste sich respekt- und verständnisvoll mit Fragen nach der religiösen Tradition, aber sein Profil zeigt die unmissverständlichen Züge eines überzeugten erfolgreich praktizierenden Naturwissenschaftlers. Er fühlte sich als Glied der langen Kette, die zum Wissensfortschritt der Menschheit führt. Er teilte mit Averroes und Albertus Magnus das wissenschaftliche und ethische Ideal des «Erlangten Intellekts» und der mentalen Glückseligkeit.

5. Die Städte Italiens und die Anfänge der humanistischen Bewegung

Die philosophischen Fakultäten der Hochschulen Nord- und Mittelitaliens waren traditionell an der propädeutischen Ausbildung von künftigen Ärzten und nicht an der von jungen Theologen orientiert: In Bologna und in den Universitäten mit Statuten Bologneser Tradition (Padua, Siena) wurde die theologische Fakultät spät eingerichtet und behielt eine marginale Position. Radikale Averroistische Thesen wie diejenigen, die im Jahre 1277 der Pariser Bischof verurteilt hatte, fanden in diesem Milieu Anklang und Verbreitung. Die Verteidigung der Autonomie der philosophischen Forschung gesellte sich zu der Lehre von der Vorzüglichkeit des philosophischen Lebens als Legitimierung des intellektuellen Berufs Professor. Im Horizont eines Arztes war die naturalistische Weltdeutung arabischer Provenienz eine Selbstverständlichkeit, und die Annahme astrologischer Einflüsse spielte eine entscheidende Rolle für Diagnose und Therapie.

Es gab Konflikte mit den Theologen, die Entgleisungen aus der Orthodoxie befürchteten. Naturwissenschaftliche und medizinische Fragen standen im Mittelpunkt des Werks von Petrus von Abano, Arzt und Professor in Padua, Übersetzer der Aristotelischen *Problemata* und Verfasser u. a. von einem erfolgreichen *Versöhner der Unterschiede zwischen den Philosophen* und von einer *Erklärung der Zweifel in der Astronomie*. Mit seiner Hypothese, die Auferstehung Christi sei medizinisch als Scheintod zu erklären, handelte er sich einen gefährlichen Häresieprozess ein (1315). Astrologisch-deterministische Lehren brachten seinen Kollegen Cecco von Ascoli, Professor in Bologna, auf den Scheiterhaufen (1327). Averroistische Interpretationen vertraten die Bologneser Lehrer Angelo von Arezzo, Matthäus von Piacenza, Thaddäus von Parma und Matthäus von Gubbio in ihren Kommentaren zu den Aristotelischen Texten. Oft nahmen die Professoren am kommunalen politischen Leben teil, und die Verteidigung der eigenen Funktion gegen die ideologischen Kontrollansprüche der Theologen schlug sich in der politischen Forderung einer Trennung der zivilen und kirchlichen Gewalt nieder. Es war sicher kein Zufall, dass Marsilius von Padua (s. oben, S. 95) aus der Schule des Petrus von Abano kam.

In der philosophischen Debatte, die im italienischen Sprachraum stattfand, ist ein ausgeprägtes Interesse an den Themen der praktischen und politischen Philosophie festzustellen. An den Diskussionen beteiligten sich nicht nur Latein schreibende Professoren und studierte Kleriker, sondern auch wohlhabende Mitglieder des damals auch in kultureller Hinsicht emporsteigenden Stadtbürgertums, die in der Volkssprache miteinander kommunizierten.

Neue soziale Gruppen meldeten sich zu Wort. Musterbeispiel für diese Entwicklung ist der Florentiner Dante Alighieri, berühmter Dichter der *Göttlichen Komödie*, aber auch Verfasser zahlreicher Werke philosophischen Anspruchs. Dante war nie ein Berufsphilosoph und absolvierte kein richtiges Universitätsstudium, dennoch war er der Gelehrtensprache mächtig und fand in Florenz in den Ordensschulen Gesprächspartner und Diskutanten, die ihm zu einem hohen Bildungsniveau verhalfen. Er selbst berichtet im *Gastmahl*, er habe sich in seinen Jugendjahren aus einer tiefen existentiellen Krise durch die Lektüre der philosophischen Werke von Boethius und Cicero, dem *Trost der Philosophie* resp. *Laelius über die Freundschaft*, heilen können. «Filosofia» war für Dante an erster Stelle Lebenslehre, «Liebe zur Weisheit» und «Angleichung an Gott» als höchste Weisheit. Es war nicht gerade die aktuellste Position aus der universitären Forschungsdebatte, sondern vielmehr das Wiederauftauchen einer alten Tradition, die über die Jahrhunderte hindurch gewirkt hatte. Dante meinte, diese Tradition durch die Verwendung Aristotelisch-Averroistischer Motive aus der Pariser und Bologneser Tradition aktualisieren zu können. Von der Natürlichkeit der Wissbegierde nach Aristoteles ausgehend, integrierte er die Lehre von der Einheit der Vernunft und vom «Erlangten Intellekt» in ein politisches und kulturelles Projekt, das die Bedingungen für das individuelle irdische Glück innerhalb des einträchtigen universellen Wissensfortschritts der Menschheit schaffen sollte. Diese Bedingungen könne nur eine universelle, vom Papsttum unabhängige Monarchie verwirklichen: So argumentierte Dante in seinem Traktat *Über die Monarchie*. Eine ähnliche, rein rationale Argumentationslinie verfolgte Dante in seiner Schrift *Über die Beredsamkeit in der Volkssprache*, in der er, auf theologische Erklärungen verzichtend (Sündenfall, Turmbau von Babel usf.), die Vielheit der Sprachen durch die anthropologische Beobachtung der Veränderlichkeit des Menschen in seiner Geschichte erklärte. Die Philosophie zeigt sich hier als autonome rationale Methode und als Grundlage ziviler Tugenden, und ihre Ausübung soll den Weg zum höchsten Grad der individuellen und gesellschaftlichen Vollkommenheit im Diesseits eröffnen. Diese politische und ethische Revision des Pariser Intellektualismus aus den 1260–70er Jahren entstand in einer der reichsten Städte Europas, Florenz, und ihr Herold, Dante, war nicht nur Dichter und Schriftsteller, sondern auch – bis zu seinem Exil – politisch engagierter Vertreter und Botschafter. Wie in Köln mit Meister Eckhart, so wandte sich nun die Philosophie in Florenz an eine breitere Öffentlichkeit von kulturell mündig gewordenen Laien und Frauen. Sie redete nicht mehr nur in der lingua franca Latein, sondern auch in den regionalen Volkssprachen. Damit bildeten sich philosophische «Regionen» mit eigenen Diskussionen, Problemen und Bezugstexten. Der Einschränkung des internationalen Charakters der Diskussion entsprach eine Erweiterung des Publikums, das in den verschiedenen Lokalsprachen erreicht wurde.

Am Rande des Universitätslebens bewegte sich auch Francesco Petrarca, der größte Dichter der folgenden Generation. Von einem nicht abgeschlossenen Jura-Studium in Montpellier und Bologna behielt er nur die Bewunderung für die zivilisatorische Leistung des alten Rom, die auch im Feld des Rechts Ausdruck gefunden hatte. Das universitäre Wissen betrachtete er immer mit Abstand und Abneigung und entwickelte wie Dante sein Profil ganz außerhalb der Akademie. Er ließ sich in Avignon am päpstlichen Hof im Gefolge des mächtigen Kardinals Colonna nieder, reiste durch Europa auf der Suche nach alten Texten, um Freunde zu sehen und um Geschäfte des Kardinals zu führen, und die letzten Jahrzehnte seines Lebens verbrachte er als Gast in den reichen Höfen der Po-Ebene, zwischen Mailand, Padua und Venedig.

Wie bereits Dante war auch Petrarca davon überzeugt, der Intellektuelle habe eine eminente Funktion in der Gesellschaft, und sei zu einer philosophischen Stellungnahme verpflichtet. Aber die Zeiten und die philosophischen Kontrahenten hatten sich geändert: Dante konnte noch denken, sich Begriffe der Aristotelischen Tradition nutzbar machen zu können, Petrarca sah in der Schulphilosophie seiner Zeit nur nutzlose verbale Diskussionen und eine Abirrung vom wahren Ziel der Philosophie. Dieses bestehe in der Anleitung zum harmonischen und tugendhaften Leben. Er forderte eine Reform der Philosophie im Sinne der alten Ciceronianischen Definition von «Liebe zur Weisheit» und «Hinleitung zu den Tugenden». Er artikulierte seine Auffassung nie in systematischer Form. Jedoch waren sich Petrarca und sein Freundeskreis des Erneuerungspotentials dieser Rückkehr zur Klassik völlig bewusst: Sein Freund Coluccio Salutati lobte ihn ausdrücklich als wahren Philosophen und stellte ihn den Aristotelikern entgegen, «die die zeitgenössischen Sophisten mit windiger Aufgeblasenheit in den Schulen bewundern». Von dieser Tradition trennte ihn auch eine radikal verschiedene Auffassung der Sprache: Auf der scholastischen Seite stand ein logisch-funktionelles, sich auf die Strenge der Argumentation konzentrierendes Sprachverständnis, Petrarca hingegen vertrat eine rhetorische und pragmatische Auffassung vom Reden, das sich an den Beispielen der römischen Klassik orientierte und eine erzieherische, politische und zivile Funktion beanspruchte. Daher die Bedeutung der Dichtung für die Philosophie. Mit großer Kohärenz ersetzte er die tradierten universitären Mitteilungsformen des reflektierenden Denkens durch die neuen Genera des Dialogs, des Briefes, des historischen Epos und des Selbstgesprächs.

Die Polemik gegen die barbarische Sprache der «moderni», die Rückwendung zur Antike und die Erhebung der «humanae litterae» zur Substanz eines reformatorischen Programms, das Petrarca initiierte, schlugen sich in einer humanistischen Bewegung nieder, die sich auf der italienischen Halbinsel verbreitete und die kulturelle Welt der Städte und der Höfe im folgenden Jahrhundert prägte. An den Idealen Petrarcas orientierten sich Staatsmänner, Hofbeamte, Literaten, Gelehrte und Geistliche. Die Universitäten, die auch in der zweiten Hälfte des Jahrhunderts innovative Gestalten europäischen Formats wie Biagio Pelacani und Paolo Veneto hervorbrachten, stigmatisierte man als Hochburgen von «Barbaren», die ein dogmatisches und leeres Wissen pflegten. Man wollte an die alten Texte mit einer ganz neuen Haltung und mit neuen philologischen Methoden herantreten. Man las sie als historische Dokumente des Wertesystems einer Zivilisation, bei der man einen Maßstab für die Beurteilung der Gegenwart und neue Antworten für die Zukunft finden konnte.

Die moralphilosophische Reflexion über die individuelle zivile Verantwortung im Spannungsfeld zwischen Tüchtigkeit und Glück («virtus», «Fortuna») ist ein zentrales Thema auch im Denken von Petrarcas jüngerem Freund Coluccio Salutati, der nach einer Karriere als Notar im ganzen letzten Viertel des 14. Jahrhunderts das mächtige Amt eines Kanzlers der Republik Florenz innehatte. Salutati lebte in einer geistigen Welt, in der sich der Ockhamistische Voluntarismus verbreitet hatte; von dieser theologischen Position artikulierte er die anthropologischen Konsequenzen, indem er das menschliche Handeln in der Welt der Politik, der Geschichte und des Rechts als das vorzügliche Objekt einer Philosophie betrachtete, die aus der Rhetorik und aus der Poesie ihre Nahrung zieht.

VII. Ausblick.
Das 15. Jahrhundert

Wann endet das Mittelalter, und wann endet seine Philosophie? Die Antworten auf diese Frage waren bisher so unterschiedlich, dass man bezweifeln könnte, ob sie von einem historiographischen Gesichtspunkt aus gewinnbringend oder überhaupt sinnvoll sei. Diejenigen, die das Spätmittelalter und die Frühe Neuzeit als ein ununterbrochenes Kontinuum ansehen möchten, unterstreichen die longue durée der Institutionen, der philosophischen Fragestellungen und der philosophischen Arbeitsweise; sie machen auf die unvermindert zentrale Bedeutung der Religion für die Gesellschaft aufmerksam, und sogar die innovativsten Theoreme der neuzeitlichen Naturwissenschaft stellen sie als Ergebnisse eines schrittweisen Reifeprozesses dar, der in den spätscholastischen Diskussionen seine Wurzeln gehabt haben soll. Andere sehen die Neuzeit aus einem Paradigmenwechsel entstehen, wofür jeweils die humanistische Bewegung, das Denken der Renaissance oder die Reformation verantwortlich war, und weisen auf die neue Haltung gegenüber der Antike oder gegenüber der Hl. Schrift hin, oder aber auf die neuen Übersetzungen unbekannt gebliebener Texte griechischer Naturwissenschaftler und Philosophen im Mittelalter, auf die Verbreitung neopaganer Strömungen, auf politische, kommerzielle und wirtschaftliche strukturelle Veränderungen in ganz Europa und auf eine sich unaufhaltsam verbreitende säkularisierte Mentalität.

In philosophiehistorischer Hinsicht setzt allerdings eine univoke Beantwortung der Frage nach dem Ende des Mittelalters gerade die monistische Perspektive voraus, von der in der Einleitung (oben, S. 8) Abstand genommen wurde. Die Geschichte des mittelalterlichen Denkens wird mit anderen Worten anhand einer Art ‹zoomorphen Modells› interpretiert, indem man ihm den Lebenszyklus eines Lebewesens zuschreibt, das geboren wird, wächst, zur Reife kommt, altert und stirbt, um dem Neuen Platz zu machen. Eine solche ‹biologische› Geschichtsschreibung ist nicht unsere Sache, und auch nicht die Annahme einer teleologischen Perspektive, die die Taten der Geschichte der Philosophie als «nur eine Galerie von Meinungen» (Hegel) erscheinen lässt, wenn sie nicht dem Befund des eigenen «begreifenden Erkennens» entsprechen.

Zweckmäßiger ist es vielleicht, in diesem Fall die vermeintliche Einheit des Geistes der endenden Scholastik in überschaubarere regionale Abschnitte zu zerlegen, um jeweils Kontinuitäten und Brüche, alte und neue Gesichtspunkte, Fragen und Antworten festzumachen. Tut man dies, so ist an erster Stelle zu konstatieren, dass die philosophischen Debatten in den verschiedenen Regionen mit verschiedener Intensität und Innovativität geführt wurden. Während im 15. Jahrhundert die islamische Welt die Tradition des Avicenna weiterpflegte – zu erwähnen sind die im Irak wirkenden Ibn Abî l-Djumûr al-Ahsâ'î und Djalâddîn al-Dawânî –, zeigt sich die Situation im byzantinischen Raum viel differenzierter: Dort bildeten sich bereits in der 2. Hälfte des 14. Jahrhunderts zwei geschlossene Fronten, einerseits die antihesychastisch gesinnte und an Thomas von Aquin orientierte Schule des Demetrios Kydones (vgl. oben, S. 104 f.), andererseits die der Theologen, die im Namen der Tradition den westlichen Denkstil und jeden Kompromiss mit der Römischen Kirche verwarfen. Die bekanntesten Anhänger dieser letzten Richtung waren Neilos und Nikolaos Kabasilas, Demetrios Chrysoloras, Kallistos Angelikudes und Joseph Briennios. Die Gruppe der Theologen und Philosophen, die für die lateinische Welt offen waren, bildete in Byzanz eine Minderheit, zählte aber zu ihren Mitgliedern spekulative Köpfe und hervorragende Gelehrte wie Manuel Kalekas, Maximos und Andreas Chrysoberges, Manuel Chrysoloras, Theodoros Gazes und Bessarion. Die Vertreter dieser Richtung pflegten Kontakte mit den westlichen Kollegen, traten oft in die Römische Kirche über, nutzten ihre Sprachkenntnisse, um aus dem ihnen zugänglichen Schatz der griechischen Antike neue Texte ins Gespräch zu bringen, und sie waren im Westen als Übersetzer und als Lehrer tätig.

Ein Kristallisationspunkt in diesem Fluss der Wechselbeziehungen zwischen Osten und Westen war das Konzil von Ferrara-Florenz (1438–39), auf dem mit den Vertretern der Römischen Observanz fast 800 Delegierte aus der Orthodoxie zusammenkamen, um die Überwindung des Großen Schismas von 1054 zu diskutieren. Unter den von dem Traditionalisten Markos Eugenikos geführten Orthodoxen war Bessarion, der gelehrte Verfasser einer Schrift *Gegen die böswilligen Ankläger Platons*, die gegen den Thomisten Georgios von Trapezunt gerichtet war und die Kompatibilität der Platonischen Philosophie mit der christlichen Lehre zeigen sollte. Eine weitere Leitgestalt aus Byzanz war Georgios Gemistos Plethon, der in seinem Traktat *Über die Unterschiede zwischen Platon und Aristoteles* (1439) ebenfalls für Platon gegen Aristoteles Stellung bezog und in Florenz eine Art neopagane Bewegung zu begründen versuchte. Mit von der Partie war auch sein Gegner Georgios Scholarios, kaiserlicher Sekretär am Konzil, ein hervorragender Kenner und Vertreter der lateinischen Aristotelischen Tradition. Auf dem Konzil wurden vor allem theologische Fragen besprochen: Es ging um die göttlichen Energien, die Vergöttlichung des Menschen, das Fegefeuer, die Gottesschau u. dgl. Aber die Suche nach Argumenten und das hohe Niveau der Diskutanten führte zu einer Wiederenteckung von Texten der griechischen Antike, die die Koordinaten der in Florenz und in den italienischen intellektuellen Zentren geführten philosophischen Diskussionen gründlich änderten.

Bessarion war ein Befürworter des alten neuplatonischen Projektes der Versöhnung von Platon und Aristoteles. Doch polarisierte sich die philosophische Debatte um diese Autoren meistens in Form einer Alternative. Das Interesse am Platonischen Denken machte sich besonders in dem immer größer werdenden Kreis der Intellektuellen breit, die dem Universitätsbetrieb fernblieben und das professionelle Verständnis von Philosophie verwarfen. In Gegensatz zum Schul-Aristotelismus sah man bei Platon das Ideal einer realisierbaren Einheit von Weisheit und Beredsamkeit und eine Philosophie, die Modelle für das politische Handeln, für das moralische Tun und für das Leben anbieten und begründen konnte. Es ist an dieser Stelle an die in Italien wirkenden Humanisten wie Leonardo Bruni, Poggio Bracciolini, Ambrogio Traversari, Leon Battista Alberti, Guarino di Verona, Francesco Filelfo und Giorgio Valla zu denken. Aber auch außerhalb Italiens verbreitete sich diese Art außer-universitären Philosophierens.

Der deutsche Kardinal Nikolaus von Kues verdient in dieser Hinsicht eine besondere Erwähnung. Aus einer Familie von Geschäftsleuten stammend, studierte er in den 1420er Jahren in Heidelberg und Padua, danach begann er eine glänzende ekklesiastische Karriere, die 1448 mit der Ernennung ins Kollegium der Kirchenfürsten gekrönt wurde. Nikolaus bekam seine Ausbildung fern von der neuen humanistischen Tradition, er konnte kaum Griechisch und schrieb ein horrendes scholastisches Latein. Aber er hatte viele italienische Humanisten als Freunde, er suchte wie sie nach neuen philosophischen Wegen, und er glaubte wie sie, seinen Weg außerhalb der universitären scholastischen Kultur finden zu können. Aus seinen ersten öffentlichen Stellungnahmen – gelehrte Predigten, die er um 1430 hielt – schimmerte bereits die Idee durch, die verschiedenen Theologie- und Religionsformen würden in einer Art «Urphilosophie» (Hermes Trismegistos, Platon, Proklos) konvergieren. Gleichzeitig rekurrierte er auf Theoreme exzentrischer Traditionen des Mittelalters (Raymundus Lullus, Maimonides, al-Kindî, später auch Eckhart). Am Ende des Jahrzehnts fuhr Nikolaus nach Konstantinopel, um erfolgreich über die Teilnahme der Orthodoxen am Einigungskonzil von Ferrara zu verhandeln, und bei seiner Rückreise nach Venedig auf dem Seeweg begleiteten ihn der Basileus, der Patriarch, Bessarion, Georgios Gemistos Plethon und ihr Gefolge. In seinem Gepäck hatte Nikolaus unter anderem eine dicke griechische Handschrift der im Westen unbekannten *Platonischen Theologie* des Proklos.

Hermes Trismegistos, die Platoniker, Lullus – in diesen Namen konkretisierte sich seine bewusste Abstandnahme von der Aristotelischen Logik und zugleich auch von der mit ihr verbundenen Metaphysik. Ein wichtiger Text von 1440, *Über das wissende Nicht-Wissen*, bestätigt dies. Nikolaus erklärte, ihm sei einmal plötzlich klar geworden, warum der Weg zum Wissen, wonach alle verlangen, bisher nur zu unfruchtbaren Streitereien geführt habe. Man habe eine Wissensmethode angewendet, die das Unendliche untersucht, als ob es endlich sei. Man habe das Nicht-Widerspruchsprinzip verabsolutiert und sich damit den Weg verbaut, den Kosmos, den Menschen und Gott als Einheit zu verstehen. Man habe nicht eingesehen, dass das wahre Wissen eigentlich wissendes Nicht-Wissen sei, das um die Einheit der Vernunft («intellectus») weiß, in dem die Gegensätze, auch die Widersprüche, zusammenfallen und bei dem der Grund des trennenden Verstandeswissens («ratio») zu suchen ist. Der neue Ansatz führte zu theologischen, naturwissenschaftlichen und anthropologischen Konsequenzen, an deren Ausarbeitung Nikolaus auch in weiteren Werken (besonders wichtig: die Schrift *Über die Mutmaßungen*) feilte.

In theologischer Hinsicht bedeutete das ‹wissende Nicht-Wissen› ein Zurück zur apophatischen Theologie des Dionysios. Aber das Verständnis Gottes als unendliche Einheit ohne Gegensatz bedeutete auch, die Welt sei nichts anderes als das Sichtbarwerden Gottes selbst. Von einem naturwissenschaftlichen Gesichtspunkt zeigten sich Gegensätze wie Zweiteilung der himmlischen und sublunaren Physik, Vierteilung der Elemente, örtliche Bestimmung von Ruhe und Bewegung usf., an die sich der Verstand klammert, als künstlich isolierte Momente, die die Entdeckung des einheitlichen Weltgesetzes verhindern. Die Mathematik des Pythagoras sollte zur Norm aller Naturwissenschaften erhoben werden. Anhand seines ‹wissenden Nicht-Wissens› statuierte Nikolaus die Unendlichkeit des Universums und deklarierte das geozentrische Modell als obsolet. Er zeigte ferner, dass der Mensch als Vernunft das Maß aller Dinge und kreative Selbstentfaltung ist, sowohl in seiner Selbstgestaltung im praktischen Leben als auch in der theoretischen Entfaltung der begrifflichen Welt, in der er die schöpferische Kraft Gottes nachahmt.

Die Reflexion über das Verhältnis zwischen der Verschiedenheit der Religionen und der einzigen unendlichen Einheit war ein Thema, das Nikolaus von Kues besonders in seinen letzten Jahren beschäftigte. Alle Religionen spiegelten auf unterschiedliche Weise eine einzige Wahrheit wider, nämlich die intime Präsenz Gottes in der Welt und im Menschen: Das Bewusstwerden dieser Präsenz durch die Selbsterkenntnis der Vernunft ist das Sehen Gottes, und zwar im doppelten Sinne von Sehen und Gesehenwerden, die in diesem Fall koinzidieren. Damit wiederholte Nikolaus von Kues ein Theorem, das Eckhart formuliert hatte.

Nikolaus führte seine Philosophie in Dialogen und griffigen Kurztraktaten aus. Anders arbeitete man in den Universitäten, in den philosophischen und in den theologischen Fakultäten, wo die Professoren weiter unermüdlich Kommentare und Quästionenreihen herstellten. Schaut man sich diese gelehrte Produktion an, die nach der Erfindung des Buchdrucks flutartige Dimensionen gewann, so wäre man versucht zu sagen, dass sich die Universitätswelt in den Gegensätzen verfing, die Nikolaus von Kues als Scheinwissen denunzierte: Buridanismus, Ockhamismus, Thomismus, Albertismus, Scotismus, moderne und antike Wege ... Diese pauschalisierende Nomenklatur verkennt möglicherweise die Bedeutung wichtiger Individuen, die in der Universität tätig waren, wie etwa Peter von Ailly, der in Paris am Collège de Navarre lehrte, oder sein Schüler Johannes Gerson, der mit Hilfe der Idee einer «doppelten Logik» und einer «mystischen Theologie» antiaristotelische Motive entwickelte. An den Universitäten von Padua und Bologna arbeitete ein Pietro Pomponazzi, in Padua und Pisa lehrte immerhin ein Galileo Galilei, und der Lehrstuhl blieb eine begehrte Auszeichnung, wie die wiederholten (aber auch erfolglosen) Bemühungen eines Giordano Bruno um einen Ruf beweisen. Aber im Laufe des 15. Jahrhunderts verschoben sich die Koordinaten der philosophischen Diskussion immer mehr auf Texte, die außerhalb der Universität übersetzt wurden und nur zum Teil ins scholastische Philosophieprogramm passten: die *Philosophenleben* des Diogenes Laertios, Platon, Plutarch, Epikur, Pappos, Theophrast, Archimedes, Plotin, Simplikios, Philoponos, Jamblichos, das

Corpus Hermeticum und die *Chaldäischen Orakel*, wiederentdeckte Texte aus dem lateinischen Altertum (Lukrez, Cicero), neue Übersetzungen Aristotelischer Texte von ethischem und politischem Interesse.

Die Bibliotheken der Philosophen veränderten sich. Die Philosophie schlug dadurch neue Wege ein. Die mittelalterliche scholastische Tradition dauerte in den Universitäten noch über Jahrhunderte an, doch die scharfsinnigsten Intellektuellen verstanden, dass eine radikale Änderung des Welttheaters stattgefunden hatte und dass auch die alten Koordinaten des Wissens zu erneuern waren. Erasmus von Rotterdam brachte 1528 in einer Schrift dieses Gefühl wirkungsvoll zum Ausdruck: «Wohin ich mich auch immer wende, so sehe ich, dass alles sich geändert hat; ich stehe auf einer anderen Bühne, ich habe ein anderes Theater vor mir, vielmehr – eine neue Welt.»

Nachbemerkung

Diese Arbeit ist in der freundschaftlichen Atmosphäre einer Forschergruppe entstanden, die seit 1997 an der Università del Salento besteht und durch das italienischen Ministerium für Unterricht, Universität und Forschung kontinuierlich und großzügig unterstützt wurde. Alessandra Beccarisi, Nadia Bray, Dagmar Gottschall, Alessandro Palazzo, Fiorella Retucci und Elisa Rubino beteiligten sich an Diskussionen und Korrekturen. Bei arabischen Angelegenheiten halfen Dag Nikolaus Hasse (Würzburg) und Cristina D'Ancona (Pisa). Ich hatte das seltene Privileg, meinen historiographischen Gesichtspunkt mit führenden Vertretern der internationalen Mediävistik diskutieren zu dürfen. Wenigstens Kurt Flasch (Mainz), Tullio Gregory (Rom), Ruedi Imbach (Paris), Alain de Libera (Genf), Buckhard Mojsisch (Bochum), Pasquale Porro (Bari) und Andreas Speer (Köln) möchte ich namentlich nennen, weil ich von ihnen allen viel gelernt habe.

Weiterführende Literatur

Die philosophische Historiographie des Mittelalters hat einen stark internationalen Charakter. Die folgende Kurzbibliographie beschränkt sich auf Werke, die in deutscher Sprache zugänglich sind, weiterführende Hinweise sind in den zitierten Werken enthalten.

Nachschlagewerk:

Lexikon des Mittelalters, 10 Bde., München 1980–1999 (Studienausgabe Stuttgart 1999, 2003, auch online): unersetzliches Lexikon, das auch arabische und byzantinische Autoren berücksichtigt.

Texte zum Lesen:

Geschichte der Philosophie in Text und Darstellung. Mittelalter, hrsg. von Kurt Flasch, Stuttgart 1982, Neuausg. 2011: umfangreiche Anthologie mit ausführlich eingeleiteten Texten.

Meiners Philosophische Bibliothek, Hamburg: in der ältesten deutschen philosophischen Textreihe, 1868 gegründet, sind mehrere, meistens zweisprachige Bände mittelalterlicher Autoren erschienen (Abaelard, Albert von Sachsen, Anselm, Averroes, Albertus Magnus, Walther Burleigh, Dante, Dietrich von Freiberg, Duns Scotus, al-Farabi, al-Ghazali, Ibn Tufayl, Johannes Eriugena, Martinus Anglicus, Moses Maimonides, Giannozzo Manetti, Nikolaus von

Autrecourt, Nikolaus von Kues, Raymundus Lullus, Heinrich Seuse, Thomas von Aquin, Wilhelm von Ockham, Wilhelm von Sherwood).

Herders Bibliothek der Philosophie des Mittelalters, hrsg. von M. Lutz-Bachmann, A. Fidora und A. Niederberger, Freiburg i. Br., 2005 gegründet: bisher sind 30 Bde. erschienen; das Gesamtprojekt umfasst Texte aus dem lateinischen, arabischen, jüdischen und byzantinischen Mittelalter, die im Original und in deutscher Übersetzung angeboten werden.

Gesamtdarstellungen:

Kurt Flasch, Das philosophische Denken im Mittelalter. Von Augustin bis Machiavelli, Stuttgart 1986, 2. Aufl. 2006: ein Klassiker des Faches, der Autoren aus erster Hand vorstellt und eine weiterführende internationale Bibliographie enthält. Eine revidierte und erweiterte Aufl. ist z. Zt. im Druck.

Kurt Flasch, Einführung in die Philosophie des Mittelalters, Darmstadt 1987, 3. Aufl. 1994: Philosophie als Debatte von Menschen und nicht als Geschichte ewig wiederkehrender Probleme. Dieser Band ist in verschiedene Sprachen übersetzt worden. Kurt Flasch hat die theoretische Grundlegung seiner erstaunlich produktiven und vielseitigen Forschungsarbeit dargelegt in:

Kurt Flasch, Philosophie hat Geschichte. Bd. 1: Historische Philosophie. Beschreibung einer Denkart, Frankfurt a. M. 2003. Bd. 2: Theorie der Philosophiehistorie, Frankfurt a. M. 2005.

Peter Schulthess, Ruedi Imbach, Die Philosophie im lateinischen Mittelalter. Ein Handbuch mit einem bio-bibliographischen Repertorium, Zürich 1996: die Autoren legten mit diesem Handbuch die Grundlage für die von ihnen betreute Neuedition des alten ‹Ueberwegs›:

Grundriss der Geschichte der Philosophie. Begründet von Friedrich Ueberweg. Völlig neubearbeitete Ausgabe hrsg. von Helmut Holzhey, Basel 1993–. In Vorbereitung befinden sich die Bde.: Die Philosophie des Mittelalters. 1/1. Philosophie in Byzanz; 1/2. Philosophie im Judentum; 2. 7.–11. Jahrhundert; 3. 12. Jahrhundert; 4. 13. Jahrhundert. 5. 14. Jahrhundert. Darüber hinaus: Die Philosophie in der islamischen Welt, 3 Bde.

Alain de Libera, Die mittelalterliche Philosophie, München 2005: Abriss, nach Themen strukturiert.

Geschichte der Philosophie. Bd. IV: Wolfgang L. Gombocz, Die Philosophie der ausgehenden Antike und des frühen Mittelalters, München 1997.

Geschichte der Philosophie. Bd. V: Theo Kobusch, Die Philosophie des Hoch- und Spätmittelalters, München 2011.

Ruedi Imbach, Laien in der Philosophie des Mittelalters. Hinweise und Anregungen zu einem vernachlässigten Thema, Amsterdam 2002: Zur Frage nach der volkssprachlichen Philosophie.

Alain de Libera, Denken im Mittelalter, München 2003: Die Entprofessionalisierung der Philosophie und die Pariser und deutschen Auseinandersetzungen im 13.–14. Jahrhundert.

Loris Sturlese, Die deutsche Philosophie im Mittelalter. Von Bonifatius bis zu Albert dem Großen (748–1280), München 1993: Versuch einer «regionalen» Philosophiegeschichte. Über die Folgezeit:

Loris Sturlese, Homo divinus. Philosophische Projekte in Deutschland zwischen Meister Eckhart und Heinrich Seuse, Stuttgart 2007.

Geschichte der Universität in Europa, hrsg. von Walter Rüegg. Bd. 1: Mittelalter, München 1993: Grundlegendes Werk über die mittelalterliche Universität.

Byzantinische Philosophie:

Georgi Kapriev, Philosophie in Byzanz, Würzburg 2005.

Arabisch-islamische Philosophie:

Ulrich Rudolph, Islamische Philosophie. Von den Anfängen bis zur Gegenwart, 2. Aufl., München 2009: mit weiterführender Literatur.

Georg Bossong, Das Maurische Spanien. Geschichte und Kultur, 2. Aufl., München 2010.

Jüdische Philosophie:

Heinrich Simon, Marie Simon, Geschichte der jüdischen Philosophie, München 1984, Leipzig 1999.

Georg Bossong, Die Sepharden. Geschichte und Kultur der spanischen Juden, München 2008.

Wissenschaftliche Zeitschriften:

Recherches de Théologie et Philosophie Médiévales / Forschungen zur Theologie und Philosophie des Mittelalters, 1929–, mit Beiheften («Bibliotheca»: darunter die Editionen von Averroes und Durandus' Sentenzenkommentar).

Bochumer philosophisches Jahrbuch für Antike und Mittelalter, 1996–.

Die wichtigsten deutschen historisch-kritischen Editionen philosophischer Texte (Stand 2012):

Nicolai de Cusa Opera omnia, Hamburg 1932–2010: 20 Bde.

Meister Eckhart. Die deutschen und die lateinischen Werke, Stuttgart 1936–: 11 Bde.

Alberti Magni Opera omnia, editio Coloniensis, Münster i. W. 1952–: 30 Bde.

Veröffentlichungen der Kommission für die Herausgabe ungedruckter Texte aus der mittelalterlichen Geisteswelt, München 1965–: 24 Bde.

Corpus Philosophorum Teutonicorum Medii Aevi, Hamburg 1977–: 31 Bde. und 4 Beihefte.

Wichtige deutschsprachige Publikationsreihen (Stand 2012):

Beiträge zur Geschichte der Philosophie und Theologie des Mittelalters, Münster i. W. 1891–: 43 Bde; Neue Folge 75 Bde.

Studien und Texte zur Geistesgeschichte des Mittelalters, Leiden 1950–: 108 Bde.

Miscellanea Mediaevalia. Veröffentlichungen des Thomas-Instituts der Universität zu Köln, Berlin, New York 1962: 34 Bde.

Veröffentlichungen des Grabmann-Institutes zur Erforschung der mittelalterlichen Theologie und Philosophie, München [-Berlin] 1967– : 50 Bde.

Bochumer Studien zur Philosophie, Amsterdam 1982–: 52 Bde.

Namenregister

Das Geburtsdatum der mittelalterlichen Philosophen ist meist unbekannt. Daher wird nach dem Namen jeweils in Klammern nur das Todesdatum angegeben.